Jonas Verlag

Die Autorin Dr. phil. Catharina Graepler studierte Kunstgeschichte, Italienisch und Christliche Archäologie. Die gebürtige Marburgerin lebte u. a. in Rom, Wien und Venedig, bevor sie wieder in ihre Heimatstadt zurückkehrte.
Seit 2002 arbeitet sie für verschiedene renommierte Verlage als freie Autorin. Sie ist verheiratet und hat zwei Kinder.

Der Illustrator Richard Stumm studierte Volkswirtschaft, später am Institut für Grafik und Malerei an der Philipps-Universität Marburg. Seit 2003 arbeitet er in Marburg als freier Künstler und Grafiker, mit zahlreichen Ausstellungen u. a. in Marburg, Brüssel und Berlin. Er ist verheiratet und hat ein Kind.

Für anregende Hinweise und Ideen danken wir Andreas Götz, M.A., Leander Oesterle (Idee und Entwurf Abb. S. 36 unten), Julia Oesterle.
Für ihre Förderung danken wir der Deutschen Bank.

Mit freundlicher Unterstützung des Magistrats der Universitätsstadt Marburg

Bibliografische Information der Deutschen Nationalbibliothek
Die Deutsche Nationalbibliothek verzeichnet diese Publikation in der Deutschen Nationalbibliografie; detaillierte bibliografische Daten sind im Internet über http://dnb.d-nb.de abrufbar.

©2008 Jonas Verlag für Kunst und Literatur GmbH
Weidenhäuser Str. 88
D-35037 Marburg
www.jonas-verlag.de

Druck: Fuldaer Verlagsanstalt
ISBN: 978-3-89445-408-1

Catharina Graepler

Richard Stumm

Marburg für Kinder

Jonas Verlag

INHALT

Dies ist ein Mitmach-Stadtführer!
Ihr könnt dieses Buch in der vorgegebenen Reihenfolge lesen und nutzen.
Ihr könnt aber auch mit der Besichtigung des Schlosses oder einer der Touren beginnen und die Stadtgeschichte dann später nachlesen.
Bei Euren Entdeckungen werden kleine Aufgaben gestellt. Am besten nehmt Ihr einen Stift mit, gut wären auch ein Fernglas und ein paar Murmeln.
Folgende Zeichen zeigen Euch, was Ihr machen sollt:

 Hier könnt Ihr Antworten eintragen oder etwas zeichnen

 Hier sollt Ihr genau hinschauen oder etwas suchen

! Das Ausrufezeichen macht Euch auf eine Besonderheit aufmerksam

 In den blau unterlegten Kästen stehen zusätzliche Erklärungen

Jetzt könnt Ihr loslegen, viel Spaß beim Entdecken des schönen Marburgs!

Kurze Stadtgeschichte Marburg bis heute

Vor vielen hundert Jahren gab es rund um Marburg zahlreiche kleine Herrschaftsgebiete. Verschiedene Fürsten stritten immer wieder um das Land in der Gegend um Marburg. Damals floss unterhalb des Schlossberges ein kleiner Bach, der **Marc**bach, und die Burg oben auf dem Berg war eine **Grenz**burg, die **Mar(c)**burg, die seit 1122 den Landgrafen von Thüringen gehörte.

Marc ist ein altes deutsches Wort für Grenze

Der Marcbach bildete die Grenze zu den Bezirken Ebsdorf und Caldern. Von der Burg aus hatte man eine gute Kontrolle über die Grenze nach Osten, zum Amöneburger Becken, das damals zum »feindlichen« Erzbistum Mainz gehörte. Auch Amöne**burg** lag, ähnlich wie **Marburg,** auf einem Berg, und beide »Städte« wetteiferten um die Vorherrschaft in Mittel- und Nordhessen.

Man weiß, dass es gleichzeitig mit dem ersten Wehrturm, der ›Marcburg‹, schon um 1130/40 eine kleine Ansiedlung um die **Kilianskirche** und den heutigen Marktplatz herum gab.

Bei der Entwicklung Marburgs zu einer Stadt spielte sicherlich auch die »verkehrsgünstige« Lage eine Rolle. In unmittelbarer Nähe kreuzten sich hier zwei wichtige Handelswege: eine Nord-Süd-Strecke von Norddeutschland nach Frankfurt am Main und eine Ost-West-Route, die von Leipzig über Erfurt nach Köln verlief.

Ein beladenes Fuhrwerk schaffte auf den damals schlechten Straßen höchstens eine Strecke von 26–28 km am Tag, z. B. Gießen – Marburg, Marburg – Frankenberg. Da es gefährlich war, abends mit einer wichtigen und wertvollen Ladung auf freier Strecke Halt zu machen, musste man an einem sicheren und geschützten Ort unterkommen. In Marburg, das schon um 1180 eine Stadtmauer hatte, konnten die reisenden Händler Schutz finden.

← Furt

Zudem konnten sie ihre Waren auch in der Stadt anbieten und somit für ein größeres Angebot auf den Märkten in Marburg sorgen. Salz musste beispielsweise eingeführt werden. Wie wichtig der Handel für Marburg wurde, zeigen auch die vielen verschiedenen Märkte, die es damals hier in der Stadt gab: Salzmarkt, Heumarkt, Schuhmarkt, Kornmarkt.

Marburg lag aber nicht nur an der Kreuzung der beiden Handelsstraßen, sondern hier gab es auch eine **Furt**, eine flache Stelle im Fluss, die eine leichte Überquerung der Lahn erlaubte. Diese Furt lag ungefähr bei der heutigen Weidenhäuser Brücke. An dieser Stelle überquerte die Ost-West-Route den Fluss; von der Burg aus ließ sie sich gut überblicken und schützen.

Für die Gründung einer Stadt spielte neben den militärischen Verteidigungsmöglichkeiten und den Handelsinteressen auch die Sicherung der Trinkwasserversorgung eine wichtige Rolle. Einen ersten Tiefbrunnen, der aber bald wieder versiegte, gab es schon im 12. Jahrhundert am Markt.

Aus späterer Zeit weiß man, dass das Wasser aus einer Quelle in der Marbach in Wasserleitungen aus Erlenholzbaumstämmen über 5 km nach Marburg geleitet wurde, weil es in direkter Nähe des Schlossberges keine Quellen gab.

Erlengraben/Erlenring: hier wurden die Erlenbäume für die Wasserleitungen angepflanzt.

Daher stammt in der Marbach der Straßenname »An den Brunnenröhren«.

Wann genau Marburg gegründet wurde, ist unbekannt. Bei Ausgrabungen entdeckte man eine laut Inschrift 1140 in Marburg geprägte Münze, den sogenannten »Marburger Pfennig«. Weil nur in Städten Münzen geprägt werden durften, muss Marburg also schon um diese Zeit eine stadtähnliche Siedlung gewesen sein.

Das älteste **Stadtsiegel** ist um 1225 entstanden und zeigt den Landgrafen auf einem Pferd. Es wurde zur Beglaubigung und zum Besiegeln von Urkunden verwendet und befindet sich heute im Museum im Schloss.

Im Mittelalter spielten die **Zünfte** in den Städten eine große Rolle, so auch in Marburg. Zünfte sind Vereinigungen von handwerklichen Berufen. Sie regelten z. B. die Ausbildung des entsprechenden Berufes, die Preise für die Arbeit und die Qualität der Produkte. In Marburg gab es Wollweber, Fleischer, Schneider, Leinweber und Lohgerber, die Tierhäute zu Leder verarbeiteten. Nach ihnen ist die Lohmühle in Weidenhausen benannt. Außerdem gab es Schuhmacher, Bäcker, Schmiede und Töpfer, die früher Euler hießen. An sie erinnert die Aulgasse oben am Markt. Sie waren lange Zeit vor allem für die Herstellung von Dachziegeln, Ofenkacheln und Wandfliesen zuständig und erst viel später, im 18. Jh., für die Geschirrherstellung.

Bei Deiner Stadterkundung kannst Du immer wieder Straßennamen entdecken, die sich auf früher hier ausgeübte Berufe beziehen.

Das wichtigste Gewerbe der Stadt Marburg war über lange Zeit die Wollweberei. Die in Marburg hergestellten Stoffe wurden bis nach Basel, Wien, Budapest und Krakau gehandelt und verkauft. Für verschiedene Berufe war Wasser und somit die Nähe zur Lahn besonders wichtig. Deshalb waren die Wollweber und Gerber vor allem in **Weidenhausen** ansässig.

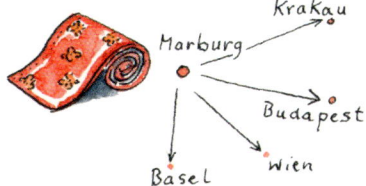

Es gab viele Mühlen, in denen Getreide gemahlen oder Tierhäute gewaschen und gewalkt wurden. Für die Benutzung mussten Gebühren bezahlt werden, die für den Besitzer eine gute Einnahmequelle darstellten. Lange Zeit gehörten alle Mühlen dem **Deutschen Orden** (s. S. 45), er besaß das Mühlenmonopol, d.h. er hatte das alleinige Nutzungsrecht. Erst dem Landgrafen Philipp gelang es, die Mühlen und die Nutzungsrechte durch einen Tausch zu erwerben.

Durch zugezogene Neubürger und durch die damals übliche hohe Geburtenzahl kam es zu einem Anwachsen der Bevölkerung in Marburg, so dass es schon bald notwendig wurde, die Stadtgrenze zu erweitern und eine neue Stadtmauer zu bauen. Bis 1300 wurden drei solche Mauererweiterungen vorgenommen, die dann fast 600 Jahre unverändert blieben.

Aber es gab auch immer wieder Geschehnisse, bei denen viele Menschen starben, so dass die Bevölkerungszahl zurück ging. Die medizinische Versorgung war noch lange nicht so gut wie heute. Es gab

z. B. noch keine Impfungen und häufig konnte den Menschen bei **Krankheiten** nicht geholfen werden.

Die schlechten hygienischen Verhältnisse, Ratten und Läuse führten über viele Jahrhunderte zu immer wiederkehrenden **Pest-Epidemien,** bei denen viele Menschen starben.

Aller Abfall, auch tote Tiere, blieben auf den noch ungepflasterten Straßen liegen, und es gab weder Toiletten noch eine Kanalisation. Aller Unrat landete auf der Straße, die nur bei heftigem Regen freigespült wurde. Bestimmt kannst Du Dir den Gestank gut vorstellen.

Daher kommt der Straßenname „Dreckloch", die steile Treppenverbindung vom Pilgrimstein zur Wettergasse, heute in Enge Gasse umbenannt. Der **Steinweg** von der Elisabethkirche in die Oberstadt war die erste gepflasterte Straße. Das war so außerordentlich, dass sie sogar nach dem Baumaterial benannt wurde. Über Jahrhunderte gab es nachts keine Straßenbeleuchtung. Erst 1863 wurden Gaslaternen aufgestellt, vorher behalf man sich mit Öllampen.

Schlechte Ernten führten zu Hungersnöten, durch die ebenfalls viele Menschen starben.

Da die Wohnhäuser der einfachen Leute in dieser Zeit noch nicht aus Stein gebaut und die Dächer nur mit Stroh gedeckt waren, gab es immer wieder verheerende **Brände**. Ein besonders schlimmer Brand zerstörte 1319 fast die ganze Altstadt. Erst ab ca. 1430 wurden zum Dachdecken auch Ziegeln verwendet.

Die Entwicklung Marburgs zu seiner gegenwärtigen Bedeutung

Im Mittelalter gab es um Marburg herum andere kleine Städte, wie Staufenberg, Amöneburg, Rauschenberg und Gleiberg, die ähnliche Voraussetzungen wie Marburg hatten, z. B. die Lage oben auf einem Berg, einen kleinen Wehrturm usw., die heute aber nicht ebenso bekannt sind wie Marburg.

Die Bedeutung, die Marburg bis heute noch hat und die es von anderen hessischen Städten unterscheidet, verdankt es verschiedenen Ereignissen und Persönlichkeiten.

Die Landgräfin **Elisabeth von Thüringen** zog nach dem Tod ihres Mannes 1228 nach Marburg und gründete hier als 21-Jährige vor der damaligen Stadtmauer ein Hospital, in dem sie Arme und Kranke pflegte und, wie man erzählte, viele Wunder vollbrachte. Sie starb schon drei Jahre später und wurde kurz danach, 1235, heilig gesprochen.

Der **Bau der Elisabethkirche** über ihrem Grab machte Marburg weit über seine Grenzen hinaus bekannt und brachte damals große Pilgerströme nach Marburg. Die frommen Menschen erhofften sich durch Gebete an Elisabeths Grab Hilfe für ihre unterschiedlichen Nöte. Auch kam es zu Klostergründungen.

Bis heute ist die Elisabethkirche, deren Grundsteinlegung 1235 erfolgte, auch aufgrund ihrer Architektur als erste **gotische** Kirche Deutschlands etwas Besonderes geblieben.

Heute befindet sich der hessische **Regierungssitz** in Wiesbaden, der Sitz der Bundesregierung in Berlin.

Weil Elisabeths Enkel Heinrich I. als der erste Landgraf von Hessen Marburg zu seiner Residenzstadt machte, wurde die Stadt zu einem **Regierungssitz**.

1248 begannen die ersten Umbauten der Burg zu einer **Residenz** sowie verschiedene Baumaßnahmen für Residenzzwecke in der Stadt. Hierfür wurden viele Handwerker, Künstler und gut ausgebildete Spezialisten gebraucht, die zum Teil von weit her, auch aus dem Ausland, geholt wurden. Außerdem benötigte der Landgraf Burgmannen und anderes Personal, die ihn verteidigten und auch am Hof dienten.

Ein wichtiges Ereignis, das zu Marburgs Bedeutung beitrug, war die **Gründung der Universität** durch Landgraf Philipp den Großmütigen, einen Nachfahren Elisabeths.

Er gründete 1527 hier die erste protestantische (evangelische) Universität in Europa.

Als Anhänger der **Reformation** verbot und beendete er die Verehrung von Elisabeths Reliquien und machte dadurch Marburg als Ziel für Pilger uninteressant.

Mit Hilfe von Soldaten wurde die Enteignung der Marburger Klöster durchgesetzt. Das bedeutete, dass der Besitz der Kirche und der Klöster in die Hand des Staates ging. Alle Mönche und Nonnen mussten die Stadt verlassen.

Die Reformation war eine Glaubensbewegung im 16. Jahrhundert, die in Deutschland durch Martin Luther ausgelöst wurde und zur Bildung der evangelischen Kirche führte.

In die Räume der leeren Klöster zog die Universität ein; das sparte dem Landgrafen Geld, weil für lange Zeit keine neuen Gebäude gebaut werden mussten.

Unter der Regierung Philipps gelang es Marburg, wegen seiner **Universität** berühmt zu werden und anstelle von Pilgern Professoren und Studenten anzuziehen. Viele bekannte Persönlichkeiten, die hier lernten und lehrten, trugen zum Ansehen der Stadt bei.

Der letzte in Marburg residierende Landgraf war Ludwig IV., ein Sohn Philipps des Großmütigen. Als er 1604 kinderlos starb, verlor Marburg den Rang einer Residenzstadt.

Um 1800 hatte Marburg ungefähr 6000 Einwohner, von denen 164 Studenten waren.

1807 fiel die Stadt für kurze Zeit an das Königreich Westphalen von Jérôme Bonaparte, Napoleons Bruder, wurde aber 1813 mit der Wiedereinrichtung des Kurfürstentums wieder hessisch.

1866 wurden Marburg und das Marburger Land von Preußen militärisch besetzt und dem Königreich Preußen, dessen König in Berlin lebte, angegliedert. Für die Universität war dieser Anschluss an das modernere und fortschrittlichere Staatswesen durchaus von Vorteil, denn er bedeutete auch eine finanzielle Förderung durch den preußischen Staat, so dass neue Institute gebaut werden konnten. Die **Universität** nahm in dieser Zeit einen bedeutenden **Aufschwung**.

Auch der systematischen Aufbau neuer Stadtviertel wurde dadurch beeinflusst.

Das **Südviertel** wurde als neuer Wohnraum für Zugezogene bebaut. Vom Wilhelmsplatz zum Hauptbahnhof fuhr eine Pferdebahn, die 1911 von einer elektrischen Straßenbahn und später von Bussen abgelöst wurde.

Ein 1885 an der Lahn erbauter Damm sollte das Südviertel vor Überschwemmungen schützen.

Im 2. Weltkrieg blieb die Stadt als militärisches Ziel ohne Bedeutung, »nur« das Bahnhofsviertel wurde von Bomben getroffen, die historische Altstadt und die Elisabethkirche blieben zum Glück unversehrt.

1974 wurde in Hessen eine Verwaltungsreform durchgeführt, die dazu führte, dass der Kernstadt Marburg 18 kleinere Orte eingemeindet wurden. Zweck der Reform war, die Verwaltungsarbeit zu verringern. Vorher hatten alle Gemeinden einen eigenen Bürgermeister, jetzt gibt es einen Oberbürgermeister und einen Bürgermeister für alle gemeinsam und jeder Stadtteil hat einen Ortsbeirat mit einem Ortsvorsteher. Heute leben in Marburg und den Eingemeindungen ungefähr 79.000 Menschen, von denen ca. 18.500 studieren.

Durch viele Studenten und Lehrer an der Universität sowie durch die Menschen, die aus anderen Gründen hier leben und arbeiten, kannst Du heute in Marburg Menschen aus 135 Nationen begegnen. Sie bereichern das Leben der Stadt durch ihre Kultur und Lebensweise.

Mit dem Ziel, sich kulturell und wirtschaftlich auszutauschen, pflegt die Universitätsstadt Marburg Städte-Partnerschaften mit:
Poitiers (Frankreich), Maribor (Slowenien), Sfax (Tunesien), Eisenach in Thüringen, Northampton (England) und Sibiu/Hermannstadt (Rumänien).

Wer weiß es noch?

Was ist auf Marburgs ältestem Stadtsiegel zu sehen?
_____

*Welche Gefahren bedrohten die Stadtbevölkerung im Mittelalter?*_____
_____
_____
_____

Welche Zunft spielte in Marburg eine große Rolle?
_____
_____

*Wer gründete wann die erste protestantische Universität in Marburg?*_____
_____

Marburg auf einer Zeittafel

- **1000**
- **1122** Schloss/Burg wird an den Landgrafen von Thüringen vererbt
- **1140** Marburger Pfennig wird geprägt (Münzort und Marktort)
- **1200**
- **1207** Elisabeth in Ungarn geboren
- **1228** Elisabeth gründet das Franziskushospital in Marburg
- **1231** 17.11. Elisabeths Tod
- **1235** Heiligsprechung, Grundsteinlegung der Elisabethkirche durch den Deutschen Orden
- **1248** Sophie v. Brabant, Elisabeths Tochter, gründet in Marburg das Land Hessen, Heinrich I. wird 1. Landgraf von Hessen, Marburg wird zur Residenz
- **1300**
- **1319** verheerend großer Stadtbrand
- **1348/49** schlimme Pestepidemie
- **1400**
- **1451** große Pestepidemie
- **1470/80** Einwohnerzahl: 2300
- **1500**
- **1504** Geburt von Landgraf Philipp (gest. 1567)
- **1512** Grundsteinlegung Rathaus (1529 Fertigstellung)

- **1527** Gründung der 1. protestantischen Universität durch Landgraf Philipp
- **1529** Religionsgespräch mit Martin Luther und Zwingli in Marburg
- **1600**
- **1618–1648** Dreißigjähriger Krieg, **1647** wird die Stadt belagert und geplündert
- **1633** Ausbau des Schlosses zur Festung
- **1685** letzte Hexenverbrennung in Marburg
- **1700** Einwohnerzahl: 3500
- **1800** Befestigungsanlagen des Schlosses geschleift
- **1802–1805** Brüder Wilhelm und Jakob Grimm in Marburg
- **1850** Eisenbahnverbindung von Marburg nach Kassel
- Seit **1863** Gaslaternen als Straßenbeleuchtung (bis dahin Öllampen)
- **1864** letzte Hinrichtung mit dem Schwert auf dem Rabenstein
- **1866** Einwohnerzahl: 7718, Marburg wird preußisch
- **seit 1885** Müllabfuhr
- **seit 1894** Kanalisation
- **1900**
- **1901** Emil v. Behring erhält den Nobelpreis für Medizin
- **1909** Hauptbahnhof wird erbaut
- **1911** Elektrische Straßenbahn

- **1912** Landung des Zeppelin ›Victoria Luise‹ im Afföller
- **1933** Beginn des III. Reiches, **1942** letzte Deportation Marburger Juden
- **1939-45** II. Weltkrieg, Bombardierung des Bahnhofviertels
- **1964** Marburg hat den größten Wohnungsbedarf der Bundesrepublik (25,2%). Baubeginn des neuen Stadtviertels »Richtsberg«
- **1972** Bau der Stadtautobahn
- **1973** Parkhaus Pilgrimstein
- **1974** Eingemeindung von 18 Umlandgemeinden, seitdem: Kreis Marburg-Biedenkopf
- **1987–89** Bau des Oberstadtaufzuges
- **1995** Planetenlehrpfad für Blinde wird eingeweiht
- **2000**
- **2008** Einwohnerzahl: 79.375, 800. Geburtstag der Heiligen Elisabeth

DIE HEILIGE ELISABETH
VON THÜRINGEN

Ein Leben wie das der heiligen Elisabeth kann man sich als Kind heutzutage kaum vorstellen.

Elisabeth wurde 1207 als Tochter eines ungarischen Königs und einer deutschen Herzogstochter geboren. Bereits mit vier Jahren brachte man sie auf die Wartburg bei Eisenach, um sie mit dem Sohn des thüringischen Landgrafen zu verloben. Im Mittelalter war es durchaus üblich, dass Fürsten ihre Bündnisse festigten, indem sie ihre Kinder miteinander verheirateten. Elisabeth wuchs also ohne Eltern an einem fremden Fürstenhof auf. Zum Glück verstand sie sich mit dem Landgrafensohn Ludwig gut, und als sie 14 Jahre alt war, wurde sie mit dem 18-Jährigen verheiratet.

Schon mit 15 brachte Elisabeth ihr erstes Kind – Hermann – zur Welt, später bekam sie noch zwei weitere Kinder: Sophie und Gertrud. Bereits zu dieser Zeit war Elisabeth sehr fromm und kümmerte sich, so gut sie konnte, um Arme und Kranke.

Mit den **Kreuzzügen** wollten christliche Ritter Jerusalem und Palästina, das Land in dem Jesus geboren wurde, erobern.

Nur sechs Jahre nach der Hochzeit starb ihr Mann Ludwig 1227 in Italien auf einem **Kreuzzug** nach Palästina, und Elisabeth war schon mit 20 Jahren Witwe.

Weil sie sich wegen großer Meinungsverschie-
denheiten mit den Brüdern ihres Mannes auf der
Wartburg nicht mehr wohlfühlte, zog sie mit ihrem Beichtvater und Berater Konrad in dessen
Heimatstadt Marburg.

Elisabeth entschied, dort nicht auf dem
Schloss, sondern sehr bescheiden im Tal zu leben.
Ihre Kinder gab sie zur Erziehung in ein Kloster.

Mit Hilfe der Franziskanermönche, die wie sie
ein Leben in Armut anstrebten, ließ sie 1228 ein
Franziskushospital mit einer kleinen Kapelle
bauen. Hier pflegte sie aufopferungsvoll Kranke
und Aussätzige. Armen schenkte sie groß-
zügig Brot und Geld. Bei alledem wurde
sie von ihrem Beichtvater Konrad un-
erbittlich streng behandelt und häufig
bestraft, weil er Ansteckung mit Krankheiten fürchtete und die hohen Geld-
ausgaben missbilligte.

Schon bald war Elisabeth durch ihre Lebensführung so geschwächt, dass sie 1231 mit nur 24 Jahren starb. Sie wurde in der Kapelle des Hospitals begraben.

Nach ihrem Tod verehrten sie viele Menschen wegen ihrer Sorge für Schwache und Bedürftige. Man glaubte, dass sich durch sie Wunder, wie z. B. Heilungen, ereigneten und so pilgerten bald viele Menschen an ihr Grab. Schon 1235 erfolgte Elisabeths **Heiligsprechung** durch den Papst.

Reliquie nennt man den Überrest der Gebeine oder auch Kleider von Heiligen, die religiös verehrt werden.

Da Gläubige damals Kleidung oder Knochen von Heiligen als **Reliquien** verehrten, wurden 1236 Elisabeths Gebeine in Anwesenheit des Kaisers Friedrich II. aus dem Sarg genommen. Angeblich wurden ihre Gebeine gekocht und gesäubert, um sie dann in verschiedenen kostbaren Behältnissen, die man Reliquiare nennt, aufzubewahren. Ihrem Leichnam trennte man den Kopf ab, um ihn als eigenständige Reliquie zu verehren. Der Schädel wurde in ein kostbares Reliquiar gebettet, das sich heute in Stockholm befindet.

Gleich nach Elisabeths Heiligsprechung wurde 1235 der Grundstein zur Elisabethkirche gelegt. Die Bauarbeiten dauerten über 50 Jahre und die Errichtung der Türme benötigte nochmals viele Jahre.

Während der Reformation im 16. Jahrhundert ließ Landgraf Philipp I. von Hessen, der zum Protestantismus übergetreten war, Elisabeths Gebeine aus dem Schrein entfernen, weil er den Reliquienkult und die Wallfahrten beenden wollte.

Wer weiß es noch?

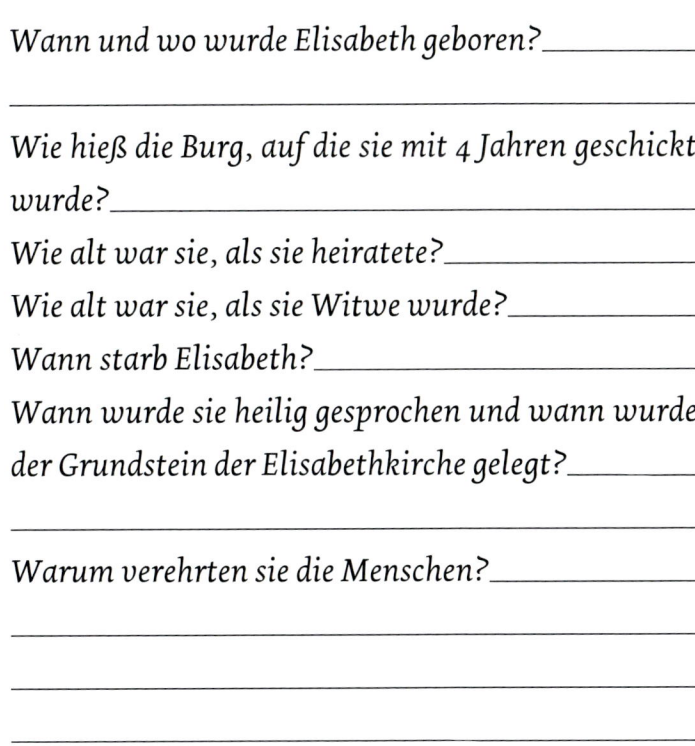

Wann und wo wurde Elisabeth geboren? _____

_____

Wie hieß die Burg, auf die sie mit 4 Jahren geschickt wurde? _____

Wie alt war sie, als sie heiratete? _____

Wie alt war sie, als sie Witwe wurde? _____

Wann starb Elisabeth? _____

Wann wurde sie heilig gesprochen und wann wurde der Grundstein der Elisabethkirche gelegt? _____

_____

Warum verehrten sie die Menschen? _____

_____

_____

_____

DIE ELISABETHKIRCHE

Die Elisabethkirche liegt auf einem Platz etwas tiefer als die heutige Straße. Wenn Du über ein paar Stufen herab nach rechts zur Südseite der Kirche gehst, siehst Du dort ein kleines **Bronzemodell** der Elisabethkirche stehen.

Schau auch einmal von oben darauf, damit Du die Form des Grundrisses verstehst.

Auf dem kleinen Modell kannst Du den Grundriss sicherlich schon gut erkennen. Er erinnert an ein Kreuz oder ein dreiblättriges Kleeblatt:

das Langhaus mit seinen drei Kirchenschiffen und die kleeblattförmigen **Chor**anlage im Osten.

Die Elisabethkirche wurde im Auftrag der Landgrafen von Thüringen zu Ehren der heiligen Elisabeth über ihrem Grab gebaut. Diese holten außerdem den Deutschen Ritterorden nach Marburg, der sich um den Bau der Kirche und um die Gottesdienste kümmerte. Sie ist die **größte** und **berühmteste** Kirche Marburgs und die erste **gotische** Kirche Deutschlands.

Der **Chor** in einer Kirche ist nicht eine Sängergruppe, sondern der Kirchenraum mit dem Altar.

! Nicht vergessen: Stifte und – wer eines hat – ein Fernglas!

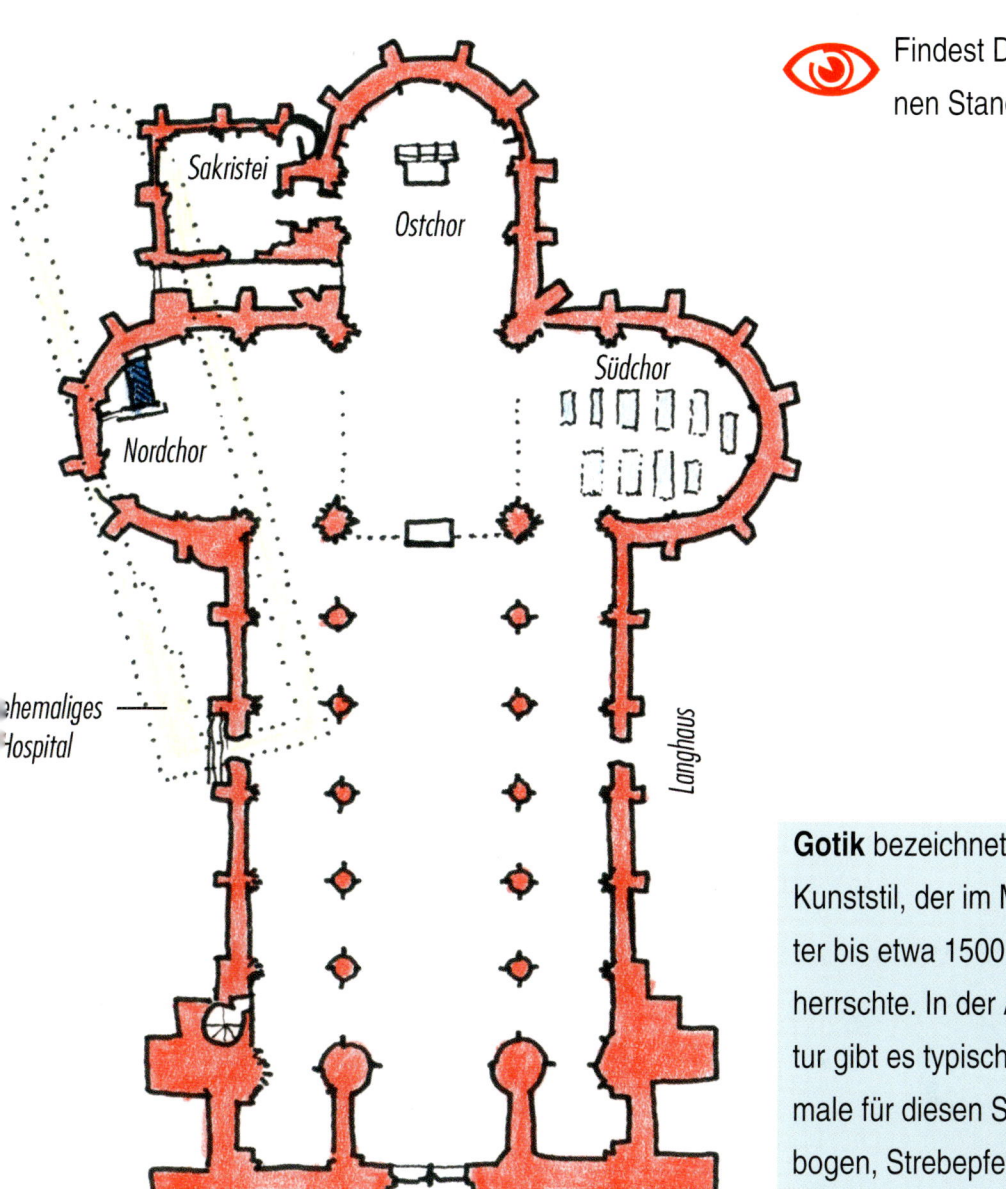

Findest Du Deinen Standort?

Sakristei

Ostchor

Südchor

Nordchor

ehemaliges Hospital

Langhaus

Gotik bezeichnet einen Kunststil, der im Mittelalter bis etwa 1500 vorherrschte. In der Architektur gibt es typische Merkmale für diesen Stil: Spitzbogen, Strebepfeiler und Kreuzrippengewölbe sorgen dafür, dass sich der Bau in die Höhe streckt. Viele Spitzbogenfenster mit Maßwerkverzierung lassen möglichst viel Licht in den Raum.

Weil sich Erzählungen und Berichte über Wunder am Grab der Heiligen Elisabeth immer weiter ausbreiteten, wurde die Stadt Marburg vor allem im 13. und 14. Jahrhundert für Pilger, neben Jerusalem, Rom und Santiago di Compostela in Spanien, in kurzer Zeit zu einem sehr wichtigen Wallfahrtsort und machte Marburg in dieser Zeit bedeutend und wohlhabend.

Die Kirche von außen

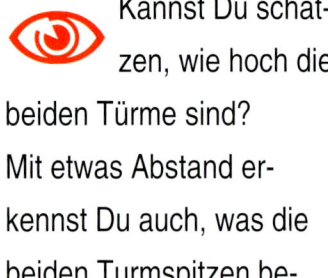 Kannst Du schätzen, wie hoch die beiden Türme sind?
Mit etwas Abstand erkennst Du auch, was die beiden Turmspitzen bekrönt. Was siehst Du?

Am besten läufst Du erst einmal um die ganze Kirche herum, um sie Dir anzuschauen.

Das Baumaterial ist, wie auch beim Schloss und beim Rathaus, Sandstein, der in der näheren Umgebung Marburgs abgebaut wurde. Ein größerer Steinbruch befand sich beispielsweise am »Weißen Stein« in Wehrda.

Im Mittelalter jedoch war die Kirche, anders als heute, rötlich verputzt, hatte weiße Fugen im Mauerwerk und gelbes Maßwerk in den Fenstern. Zwei Reihen hoher, schlanker Spitzbogenfenster stehen übereinander, um viel Licht in die Kirche zu lassen. Unterhalb der Fensterreihen siehst Du jeweils einen Laufgang um die Kirche.

Wenn Du ganz nach oben zum Dach schaust, gut wäre hier auch ein Fernglas, entdeckst Du Konsolen, das sind aus der Wand herausragende Vorsprünge, und **Wasserspeier**, die mit komischen Menschenfiguren und Tiergestalten verziert sind. Da es früher noch keine Regenrohre gab, wurde das Wasser über diese Wasserspeier vom Dach abgeleitet.

Am Turm und dem angrenzenden Teil der Kirche findest Du in den Mauerquadern heute verputzte Löcher. Das waren **Greiflöcher** für Zangen, mit denen die Steine hochgezogen und aufeinander gestellt wurden.

Siehst Du solche Greiflöcher?

Am Chor und den Querhäusern siehst Du diese Zangenlöcher nicht, weil dieser Teil der Kirche älter ist und schon gebaut worden war, bevor man die Greifzangen erfunden hatte. Hier wurden die Quadersteine z. B. mit Seilen hochgezogen und sind deshalb unversehrt.

Wenn Du um die Kirche herum gelaufen bist, stehst Du vor der Fassade mit den zwei Türmen, zwischen denen das große **Hauptportal** mit dem Eingang in die Kirche liegt.

Es wird auch Himmelspforte genannt und seine Spitzbogenform entspricht der Form der Fenster. Auffällig sind die roten Türen, die noch mit den originalen Beschlägen verziert sind.

Das Giebelfeld über der Tür bezeichnet man als **Tympanon**. In der Mitte steht Maria mit dem Jesuskind auf dem Arm. Das kleine Dach über ihr heißt **Baldachin.**

Betrachte das Laub einmal genau, dann siehst Du, dass auf der linken Seite andere Blätter wachsen als auf der rechten.

Links hängen Trauben im **Weinlaub**, an denen Vögel picken, in der rechten Hälfte ranken **Rosen** empor.

Weißt Du, wer in der Mitte auf dem Teilungspfeiler steht? Kannst Du erkennen, was die knienden Engel zu beiden Seiten auf ihren Händen halten?

Tympanon

Die Kirche von innen

Gleich nach dem Betreten der Kirche solltest Du die großen Türen von innen anschauen. Sie sind mit Leder bezogen und mit dem Wappen des Hochmeisters des Deutschen Ordens, dem **Hochmeisterkreuz,** verziert.

Der Kircheninnenraum wird durch zwei Reihen dicker Pfeiler in drei Bereiche, die Kirchenschiffe, geteilt. Die Pfeiler sind deshalb so dick, weil sie die schweren steinernen Gewölbe tragen müssen.

Weil die Seitenschiffe hinter den Pfeilern die gleiche Höhe haben wie das Mittelschiff, spricht man hier von einer **Hallenkirche.** Das bedeutet, dass alle drei Kirchenschiffe gleich hoch sind, allerdings sind die Seitenschiffe schmaler als das Mittelschiff.

 Wie viele Pfeiler zählst Du?
Tipp: Nimm den Grundriss zu Hilfe.

Stell Dich einmal in das mittlere Kirchenschiff und schau nach oben. Wie hoch, schätzt Du, ist das Deckengewölbe?
Über 10m?
Über 20m?

33

Im Mittelalter standen weder Stühle noch Bänke im Innenraum. Die Menschen trafen sich damals nicht nur zum Beten in einer Kirche, sondern auch zum Unterhalten und Handeln. Die meisten von ihnen lebten sehr beengt in winzigen, dunklen Behausungen. Was haben sie wohl beim Betreten eines solch prächtigen Gebäudes empfunden? Vielleicht haben sich manche von ihnen so den Himmel vorgestellt.

Ursprünglich kamen die Menschen nicht durch diesen Eingang, den Du benutzt hast, in die Kirche, sondern durch die sehr viel **kleinere Pforte** im Süden, im rechten Seitenschiff. Das große Portal wurde nur für ganz besondere Anlässe, wie z. B. für Prozessionen, geöffnet.

Gehe nun dorthin und schaue Dir von hier aus den Kirchenraum an: Trotz der dicken Pfeiler kann man den ganzen Raum überblicken.

Die steinerne Chorschranke nennt man den **Lettner**. Bis hierher konnten die Pilger kommen, dahinter nicht. Im Chor hinter dem Lettner durften nur die Priester und Mönche beten. Er trennt den dahinterliegenden Altarraum vom Kirchenschiff ab. Früher war er mit vielen Figuren geschmückt. Die meisten sind zertrümmert, nur zwei sind noch erhalten. Sie sind neben der Pforte, vor der Du gerade stehst, angebracht.

Die Figuren haben Erkennungszeichen, die auch **Attribute** genannt werden, damit auch die Menschen, die damals oft nicht lesen konnten, wussten, wer dargestellt ist. Eine dieser Figuren stellt den heiligen Philippus dar, den man an einem Kreuzstab in der rechten und einem aufgeschlagenen Buch in der linken Hand erkennt. Die andere Figur zeigt den heiligen Jacobus.

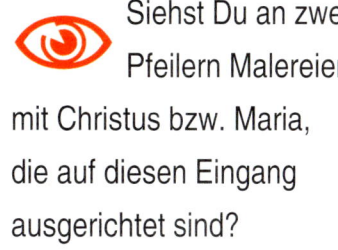 Siehst Du an zwei Pfeilern Malereien mit Christus bzw. Maria, die auf diesen Eingang ausgerichtet sind?

 Welche der beiden Figuren am Lettner ist Philippus?

Auf Deinem Weg in den Chor hinter dem Lettner, kommst Du an der **Kanzel** vorbei. Wenn im Gottesdienst der Pfarrer von dort aus predigt, kann er von der ganzen Gemeinde gut gesehen werden.

Sie steht an einem Pfeiler vorne im Hauptschiff und ist ebenfalls von einem Baldachin bekrönt, wie Du ihn schon am Eingang der Kirche sehen konntest.

An ihrer Brüstung sind die **vier Evangelisten**
mit ihren Attributen dargestellt:

Lukas mit dem Stier

Johannes mit dem Adler

Markus mit dem Löwen

Matthäus mit dem Engel

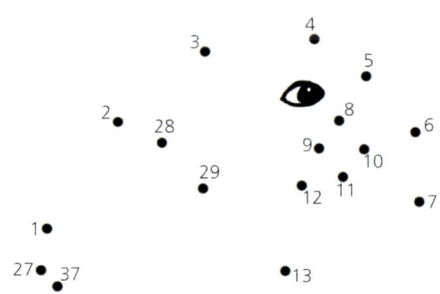 Welcher Evangelist hat dieses
Erkennungszeichen?
Verbinde die Punkte!

_____

In vielen Kirchen findest
Du Darstellungen von
ihnen. Wenn Du Dir ihre
Erkennungszeichen
merkst, weißt Du im-
mer, wer dargestellt ist.

Drehst Du Dich zum Seitenschiff dahinter um, so siehst Du an der Wand die Figur der **französischen Elisabeth** (zw. 1470 und 1500).

Sie trägt ein fein besticktes goldenes Gewand und einen pelzgefütterten Umhang; auf ihrem Kopf sitzt eine Krone. Hier wird sie als Landgräfin gezeigt und nicht als ›Krankenpflegerin‹ im Franziskusorden.

Auf der Hand hält sie ein Kirchenmodell, so als wäre sie die Stifterin der Kirche, obwohl die ja erst nach ihrem Tod geplant und gebaut wurde.

Wenn Du jetzt durch das kleine schmiedeeiserne Tor gehst, stehst Du im Chor des nördlichen Querhauses der Kirche mit dem **Elisabeth-Mausoleum**.

Über dem heute leeren Grab der Heiligen wurde dieser große Baldachin auf Säulen errichtet. Ursprünglich lag das Grab in der bescheidenen Franziskuskapelle, die vor dem Bau der Kirche an dieser Stelle stand, wie Du auf dem Grundriss gut erkennen kannst.

Die Vorderseite ihres Grabmals ist mit einem Relief geschmückt, welches Elisabeth auf dem Totenbett aufgebahrt zeigt.

Glaubst Du, Elisabeth hätte sich selbst auch als Landgräfin dargestellt?

Wie ist Elisabeth auf ihrem Grabmal gekleidet? Als Königstochter? Als Nonne? Als Bettlerin?

Darunter knien kleine Figuren. Es sind die Menschen, die von Elisabeth versorgt wurden: Bettler, Kranke und Aussätzige.

Ein Mann, vielleicht ein Tobsüchtiger, ist sogar an eine Kette gelegt, weil man Angst hatte, er könnte Schlimmes anrichten. Ein Blinder mit Krücken im Bettelhemd und eine sitzende Bettlerin mit Bettelgefäß und Rassel erhoffen Hilfe. Auf Kriechkrücken nähert sich ein Mann, der nicht mehr laufen kann.

Wie viele der kleinen Figuren zählst Du?

Die kleine stehende Elisabethfigur stellt Elisabeths Seele dar, die nach dem Tod von einem Engel in den Himmel getragen wird. Ein zweiter Engel schwenkt ein Weihrauchgefäß.

Hinter Elisabeths Totenbett stehen Maria, Landgraf Konrad im weißen Deutsch-Ordensgewand mit schwarzem Kreuz darauf, Johannes der Evangelist, die heilige Katharina mit dem Rad, Petrus mit dem Schlüssel, Johannes der Täufer, Maria Magdalena und ein Bischof.

Bis zu diesem Mausoleum konnten die Pilger gelangen. In den Altarraum, in den Du nun eintrittst, durften sie nicht hinein.

Wo in diesem Bereich Haupt- und Querschiff aufeinander treffen, spricht man von der **Vierung**. Früher war dieser Teil der Kirche hinter dem Lettner ausschließlich dem Deutschen Or-

Wenn Du zur Decke emporschaust, kannst Du dieses ›Viereck‹ gut sehen.

den vorbehalten. Für seine Mitglieder war das Chorgestühl mit den Klappsitzen bestimmt.

Schau Dir die hochgeklappten Sitze genau an, dann siehst Du, dass sie einen etwas breiteren, ausgeschwungenen Rand haben. Sie wurden auch **»Barmherzige«** genannt. Während der Gottesdienste, die häufig stattfanden, lange dauerten und größtenteils im Stehen abgehalten wurden, konnten sich die Ordensleute ein bisschen darauf abstützen und ausruhen. Doch ab und zu passierte es, dass sie einschliefen und mit den Sitzen laut nach unten klappten und davon wieder aufwachten.

Daher kommt die Redensart: **Halt die Klappe**. Weil früher die Bänke in den Kirchen hochgeklappt werden konnten, mussten die Leute die Sitzflächen festhalten, wenn sie aufgestanden sind, um den Lärm zu verhindern.

Durch einen schmalen Gang kommst du links in die **Sakristei**, ein kleines Nebengebäude an der Kirche. Hier befindet sich der **Elisabethschrein**, der aus Sicherheitsgründen und zum Abstandhalten schon seit Jahrhunderten hinter einem Gitter steht.

Meistens werden in einer **Sakristei** Dinge aufbewahrt, die für den Gottesdienst benötigt werden, wie beispielsweise Gewänder, Kelche, Schalen und vieles mehr.

 Erkennst Du, wer und was auf dem Schrein dargestellt ist?

Die Szenen zeigen, wie sich Elisabeth um Kranke und Arme kümmert. Was genau macht sie?

Sein Kern besteht aus Eichenholz, darüber ist ein Überzug aus vergoldetem Silber und Kupfer, der mit Edelsteinen und anderen Kostbarkeiten verziert ist.

Auf den langen Seiten sind Christus und die zwölf Apostel; darüber befinden sich Szenen mit Elisabeth, wie sie Armen und Kranken hilft. Auf den schmalen Seiten siehst Du Maria und Elisabeth. Weil die allermeisten Menschen früher nicht lesen konnten, waren es Bilder, mit denen ihnen wichtige Ereignisse vermittelt wurden.

Einige Szenen wirst Du gleich in einem farbigen Glasfenster noch einmal sehen.

Wieder in den **Chorraum** zurückgekehrt, siehst Du hinter dem steinernen Hochaltar die alten **farbigen Fenster** so, wie sie schon vor fast 800 Jahren aussahen. Es sind keine großen bemalten Fensterscheiben, sondern Fenster, die aus vielen kleinen, farbigen Glasstücken zusammengesetzt sind. Deshalb leuchten sie so intensiv. Die Glasstücke werden durch Bleihalterungen zusammen gehalten.

Das sogenannte **Elisabethfenster** im Ostchor hinter dem Hochalter ist noch ein originales Fenster. Auf der linken Seite siehst Du Elisabeth, wie sie sich um Hilfsbedürftige kümmert. Es sind ähnliche Darstellungen, wie Du sie gerade auf dem Schrein gesehen hast.

Die meisten bunten Glasfenster wurden im Siebenjährigen Krieg (1756–1763) zerstört. In dieser Zeit wurde die Kirche von französischen Truppen besetzt und als Lagerraum z. B. für Heu und Mehl benutzt. Aus den Resten der Verglasung setzte man manche Fenster wieder zusammen, andere erneuerte man ganz.

Nun kannst Du noch einen Blick in den Landgrafenchor werfen. Der heißt so, weil dort bis ins 16. Jahrhundert die Landgrafen beerdigt wurden. Leider sind ihre Grabmäler mit einem Seil abgesperrt, so dass man sie nicht aus der Nähe betrachten kann.

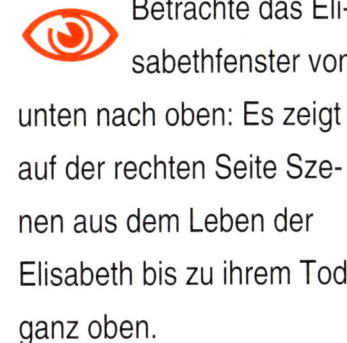

Betrachte das Elisabethfenster von unten nach oben: Es zeigt auf der rechten Seite Szenen aus dem Leben der Elisabeth bis zu ihrem Tod ganz oben.

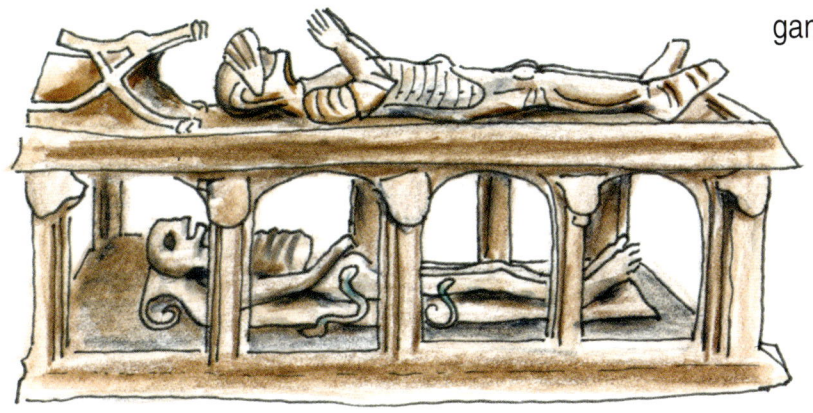

Die Elisabethkirche hatte mehrere Funktionen zu erfüllen:

• Hier war die Grabstätte der heiligen Elisabeth, dadurch wurde sie zur Wallfahrtskirche;

• sie war die Ordenskirche der Deutschordensritter, deren Bereich hinter dem Lettner lag;

• hier ließen sich die Landgrafen bestatten, um in der Nähe ihrer berühmten heiligen Vorfahrin zu sein.

Landgraf Philipp der Großmütige beendete den Heiligenkult und ließ 1539 die Gebeine der Heiligen Elisabeth entfernen, um damit die Pilger von dem nun protestantischen Marburg fernzuhalten. Viele der ursprünglich katholischen Ordensbrüder traten zum Protestantismus über.

Schon gewusst, dass in Houston, Texas, ein Nachbau der Elisabethkirche steht?

Was bedeutete im Mittelalter ein so riesiges Bauvorhaben?

Neben der Finanzierung war auch die technische Umsetzung eines solches Projektes schwierig, da es nur einfache Kräne und Winden und wenige Großwerkzeuge gab. Die Gerüste waren mit Stricken verbundene Holzkonstruktionen.

So viele Handwerker, wie für den Bau der Elisabethkirche benötigt wurden, gab es damals nicht in Marburg. Deshalb wurden vor allem Fachkräfte wie Steinmetze und Zimmerleute auch aus dem Ausland, wie z. B. Frankreich, angeworben, aber auch Tagelöhner für einfachere Arbeiten mussten von außerhalb herbeigeholt werden.

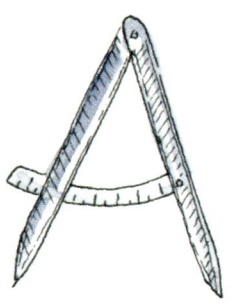

Steinmetze bearbeiteten z. B. die Quader für die Wände und die Bauplastik; Zimmerleute bauten Gerüste, Kräne und die Dachstühle.

Außerdem wurden Maurer, Schmiede, Schreiner, Glaser, Maler und Glockengießer gebraucht. Weil die Bauzeit viele Jahre betrug, mussten auch neue Fachkräfte ausgebildet werden. Um solche ›Groß‹-Bauten betreiben zu können, wurden

»Bauhütten« errichtet, in denen man auch im Winter weiterarbeiten konnte. Hierfür war wiederum eine genaue Planung und aufwendige Organisation notwendig.

Nach dem Tod Elisabeths kamen viele Pilger zu ihrem Grab. Sie brauchten nach ihren beschwerlichen Reisen Unterkunft und Versorgung. Deshalb siedelten sich immer mehr Geschäftsleute und Handwerker um das Deutschordensgebiet an und neue Stadtteilgemeinden außerhalb der Stadtmauer entstanden. In der »Ketzerbach« beispielsweise ließen sich viele Kerzenmacher nieder, die von dem Kerzenverkauf an die Pilger lebten.

Kapelle St. Michael – das Michelchen

Überquerst Du beim Haupteingang der Elisabethkirche die Straße, führt gegenüber eine kleine schmale Treppe bergauf. Hier kommst Du zu einem alten Friedhof mit der kleinen Kapelle St. Michael, auch **Michelchen** genannt.

Nach den meist sehr anstrengenden und mühsamen Reisen starben häufig Pilger, die hier vor Ort begraben werden mussten und für die man schräg gegenüber der Elisabethkirche diesen Friedhof anlegte.

Wer weiß es noch?

*Welcher Evangelist hat den Stier als Erkennungszeichen?*____ ____ ____ ____ ____

*Wie nennt man die Menschen, die von weit her zum Grab der Elisabeth kamen?*__ __ __ __ __ __

*In welchem Baustil wurde die Elisabetkirche errichtet?*____ ____ ____ ____ ____

Welche Bekrönung steht auf dem Nordturm?

____ ____ ____ ____ ____

*Wie hieß Elisabeths Beichtvater?*__ __ __ __ __ __

*Welches Tier schaut dem Evangelisten Johannes über die Schulter?*____ ____ ____ ____ ____

*Wie nennt man den kostbaren Behälter für Elisabeths Gebeine?*____ ____ ____ ____ ____ ____ ____

! Wenn Du in die Kapelle hineingehen möchtest, kannst Du Dir beim Küster in der Elisabethkirche den Schlüssel holen.

Wie heißt die Abtrennung zwischen Kirchenschiff und Altarraum?

__ __ __ __ __ __ __ __

DER DEUTSCHE ORDEN

Ritterorden entstanden in der Zeit der Kreuzzüge und waren Ordensgemeinschaften, die die Pilger auf ihren Reisen in das Heilige Land Palästina begleiten und beschützen sollten.

Der **Deutsche (Ritter) Orden** kam 1233, vermittelt durch die thüringischen Landgrafen, nach Marburg. Elisabeths Mann, Ludwig von Thüringen, war Mitglied in diesem Orden gewesen, ebenso sein jüngerer Bruder Konrad. Die Mitglieder nannten sich Deutschherren oder Deutschritter und waren keine Mönche.

Nach Elisabeths Tod veranlasste der Bruder ihres verstorbenen Mannes, Konrad, dass das Franziskushospital in den Besitz des Deutschen Ordens kam. Mit seiner Hilfe konnte der Bau der Elisabethkirche vorangetrieben werden.

An der Stelle des Franziskushospitals mit der kleinen Kapelle, in der sich Elisabeths Grab befand, errichtete man den Neubau. Für diesen Zweck wurden beide Gebäude abgerissen und in einiger Entfernung am Pilgrimstein wieder aufgebaut. Dort sieht man heute noch Reste dieser späteren Kapelle.

Um die Kirche herum baute man noch viele andere Gebäude: Wohnhäuser, Ställe, Speicher, Backhaus, Weinkeller, Verwaltung u.s.w. Das gesamte Anwesen wurde von einer großen Mauer umgeben, so dass neben Schloss und ›Oberstadt‹ noch ein weiteres ganz eigenes Verwaltungszentrum entstand. Das war das sogenannte **Deutsche Haus**. Heute erinnert noch der Name »**Deutschhausstraße**« an dieses Gebiet.

Nur wenige Gebäude von damals sind erhalten. In einem, dem ehemaligen Kornspeicher bzw. Backhaus, ist heute das **Mineralogische Museum** untergebracht. Du erkennst es an dem riesigen steilen Dach, unter dem das Korn gelagert wurde. Hier befindet sich die größte mineralogische Sammlung Hessens mit Mineralien, Gesteinsproben, mehreren tausend Edelsteinrohproben und Meteoriten. Du selbst kannst dort einen Vulkan zum Rauchen bringen.

Aber auch außerhalb der Mauer verfügte der Orden noch über große Ländereien, die von adeligen Familien gestiftet wurden, deren Söhne dem Orden beitraten. Hohe Einnahmen hatte der Deutsche Orden auch durch die Mühlen in der Stadt, die alle in seinem Besitz waren. Denn all diejenigen, die diese Mühlen nutzten, wie beispielsweise Bäcker und Wollweber, mussten teuer dafür bezahlen.

Erst 1809 wurde der Orden auf Befehl Napoleons aufgelöst.

Das Landgrafenschloss

Der Schlosshof

Ob Du von der Stadt zum Schloss heraufgestiegen bist oder von den Parkplätzen am Schlosspark kommst, Du erreichst zunächst den **äußeren Schlosshof**.

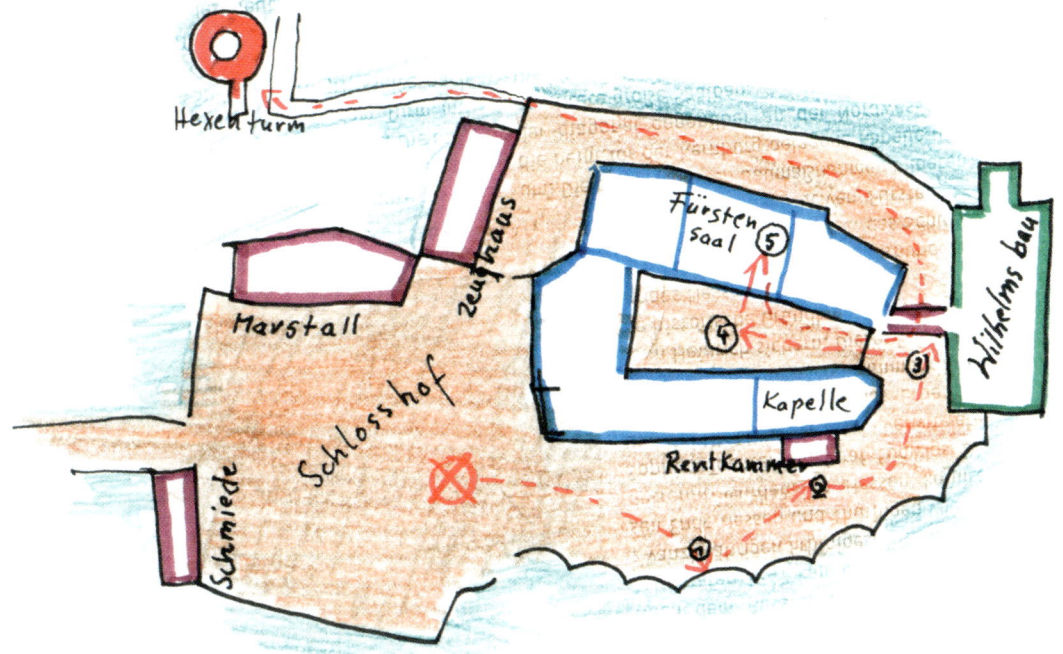

Außer dem **Schloss** selbst gibt es hier noch weitere Gebäude, so die ehemalige **Schmiede**, in der Pferde beschlagen und Waffen geschmiedet wurden. Auf der nördlichen Seite steht der **Marstall**, in dem große Wagen und die Pferde untergestellt waren. Das prächtige Eingangsportal stammt von einem abgerissenen Bürgerhaus der Stadt und wurde erst später an den Marstall ge-

Der Marstall

 Wenn Du Dich umschaust, kommt Dir sicher schon eine Idee, warum die Ritter ihre erste Burg, die sie vor etwa 1000 Jahren errichteten, gerade hierhin bauten. Was meinst Du?
Weil die Luft so gut ist?
Weil es hier so schön ist?
Weil man so weit sehen kann?

setzt. Direkt neben dem Marstall steht das **Zeughaus.** Hier lagerten Waffen und militärische Ausrüstungsgegenstände wie Lanzen, Schwerter, Schilde, aber auch Kanonen, die im Kriegsfall an den wichtigen Verteidigungspunkten aufgestellt werden konnten. Ein Torbogen verbindet das Gebäude mit der Mauer des Schlosses.

Heute werden die Häuser als Studentenwohnheime von der Universität genutzt.

Warum baut man eine Burg wohl so hoch oben auf einem Berg? Richtig! Weil man von hier aus kilometerweit ins Land sieht und heranziehende Feinde schon von weitem entdeckt. Der Bergrücken, auf dem das Schloss liegt, ist 287 m hoch, und man kann in das Lahntal sehen, wo sich zwei wichtige Handelsstraßen kreuzten: Köln – Leipzig und Frankfurt – Kassel. Diese Straßen ließen sich von der neuen Burg aus gut kontrollieren, sichern und verteidigen. Unten an der Lahn gab es eine **Furt**, das ist eine flache Stelle im Fluss, an der Pferde und Wagen das Wasser durchqueren konnten, denn Brücken gab es in Marburg noch keine. Auch diesen Übergang, in der Nähe der heutigen Weidenhäuser Brücke, konnte man von hier aus gut überwachen.

Was, glaubst Du, könnte noch ein Grund sein, eine Burg so hoch oben zu bauen? Klar, eine solche Burg hoch oben lässt sich gut verteidigen.

Stell Dir vor, die Angreifer müssen mit ihren schweren Rüstungen erst einmal den Berg hinaufsteigen und ihr ganzes Kriegsgerät herauf schaffen! Nur vom Bergrücken her konnte die Burg leicht angegriffen werden, deshalb gab es hier neben der Schmiede einen Burggraben mit einem Torhaus und einer Zugbrücke. Heute führt eine gepflasterte Brücke/Straße über den Burggraben.

Am besten gehst Du erst einmal an die Mauer, von der aus Du auf die Stadt sehen kannst.

Die Kirche mit dem schiefen Turmhelm ist die Lutherische Pfarrkirche; links davon siehst Du das Rathaus mit seiner großen Rathausuhr und der goldenen Kugel darüber.

Über die einzelnen Gebäude wirst Du später mehr auf einem Rundgang durch die Stadt erfahren.

In der kleinen Holzhütte auf der Aussichtsterrasse vor dem Schloss befindet sich eine begehbare **Camera Obscura**.

Wenn Du wissen möchtest, wie man zur Zeit des Landgrafen Philipp ›Fernsehen‹ geschaut hat, solltest Du einmal hineingehen.

Was könnte sich hinter den schmalen, langen Fenstern rechts unter der Uhr verbergen? Aus welchen Stein ist das Schloss erbaut?

Das Schloss von außen

Nun betrachte das Schloss einmal genauer. Beim Blick auf die Mauern fallen Dir bestimmt auch die vielen verschiedenen Fensterformen auf: Große, kleine, schmale, spitzbogige, eckige, verzierte und ganz einfache.

Der ganze Schlossberg besteht aus Sandstein. Das Baumaterial für die Gebäude hier oben war Bruchsandstein. Das bedeutet, die Steine wurden nur an der Sichtseite gerade behauen und geglättet, alle anderen Seiten waren grob und unregelmäßig.

Der kleine schiefergedeckte Vorbau unter der Schlossuhr ist die 1572 errichtete **Rentkammer**. Hier wurden vom Kämmerer, das war der Schatzmeister des Landgrafen, alle Einnahmen verwaltet, die für die Hofhaltung benötigt wurden. Möglicherweise standen unter

Die Rentkammer

den Bögen einmal Wachen, die über die Südterrasse hinweg alle Vorgänge im Tal gut überblicken konnten.

Wenn Du jetzt weiter bergauf in Richtung Innenhof des Schlosses gehst, siehst Du eine kleine Galerie als Verbindungsbau zwischen dem Hauptteil des Schlosses und dem Gebäude rechts, dem **Wilhelmsbau**. Der ist nach Landgraf Wilhelm III. benannt, der ihn 1493–1497 errichten ließ. Heute befindet sich darin ein Museum. Zunächst kannst Du aber durch die Bögen der Galerie nach Norden auf die Stadt schauen und eine weitere Hauptsehenswürdigkeit, die Elisabethkirche, sehen.

Schau Dir am Wilhelmsbau über der Tür rechts an der Wand das große Sandstein-**Relief** an.

Zwei Männer halten das Wappen des Landgrafen. Betrachte ihre Rüstung und ihre Haartracht.

Darüber sitzen wie auf einem Balkon zwei Figuren in der Nische. Das sind der Bauherr des Gebäudes, Landgraf Wilhelm III., dessen Kopf fehlt, und seine Frau Elisabeth, die aber nichts mit der Heiligen Elisabeth zu tun hat.

 Außer einer alten Inschrift, die schwer zu lesen ist, siehst Du ein steinernes Wappen. Schaue es Dir gut an, Du wirst ähnliche im Schloss noch häufiger sehen. Es ist das Wappen der Landgrafenfamilie.

Wie viele Löwen kannst Du zählen? Wie viele Sterne hat das Wappen? Die Köpfe welcher Tiere spucken das Regenwasser aus der Dachrinne darüber aus?

Ein **Relief** ist eine Bildhauerarbeit, bei der die Figuren sich deutlich von dem Untergrund abheben.

 Wo hast Du dieses Wappen schon mal gesehen? Haben beide gleich viele Löwen und Sterne?

Ergänze die Löwen und die Sterne!

Landgraf Wilhelm III. ließ hier auf dem Schlossberg sogar einen kleinen Tiergarten und ein Löwenhaus für einen Löwen und zwei Leoparden einrichten.

Gegenüber im Schlossinnenhof steht an der Wand neben dem Treppenturm ein Abguss des sogenannten Philipp-Steins von Philipp Soldan. Das bunt bemalte Original befindet sich in Kloster Haina.

Hierauf siehst Du auf der linken Seite Landgraf Philipp mit einem großen Hut und ganz in eine Rüstung gekleidet. Er stützt sich leicht auf das landgräfliche Wappen, das Du nun schon kennen gelernt hast.

Auf der anderen Seite steht seine berühmte Vorfahrin, die Heilige Elisabeth. Zu ihren Füßen kniet ein Aussätziger mit Pestbeulen und Krücke, der von ihr versorgt wird.

Unter ihrem Arm hält sie einen dicken Schinken und aus einem Krug schenkt sie dem Kranken zu trinken ein.

Der angekettete Vogel neben Elisabeth hat ein menschliches Gesicht, einen Frauenkopf mit einem Schnabel. Solch ein Fabelwesen aus der griechischen Götterlehre nennt man eine Harpyie, das war ein gieriger und unersättlicher Plagegeist.

 Was liegt auf dem Teller in Elisabeths Hand?

Wenn Du dich umdrehst, siehst Du ganz oben über dem Hofeingang eine Tafel, auf der die wichtigsten Daten zur Geschichte des Marburger Schlosses aufgezeichnet sind.

Unter der Himmelskugel steht eine Jahreszahl in römischen Ziffern. Kannst Du sie lesen und benennen?

Römische Ziffern:

M = 1000
D = 500
C = 100
L = 50
X = 10
V = 5
I = 1

Das Schloss im Inneren

Heute wohnt, außer einem Hausmeister und seiner Familie und vielleicht einem Schlossgespenst, niemand mehr im Schloss. Auch ist es nicht mehr so eingerichtet wie zu Zeiten der Landgrafen. Dennoch kannst Du bei Deinem Rundgang sicherlich manche spannende Entdeckung machen.

Im Vorraum zum Treppenhaus steht das **Modell des Schlosses** in seiner heutigen Form. Da kannst Du Dir am besten einen Überblick über die einzelnen Teile der Anlage verschaffen. In mehreren Räumen des Schlosses findest Du weitere Modelle, die Dir zeigen, wie sich das Schloss zunächst von einem kleinen Wehrturm über eine einfache Burg bis zu seiner heutigen Form entwickelt hat.

Über ein modernes Treppenhaus gelangst Du in die 2. Etage, in der sich eine der Hauptsehenswürdigkeiten des Schlosses, der **Fürstensaal**, befindet. Er ist deshalb berühmt, weil er einer der größten gotischen Säle in Deutschland ist, der nicht zu einer Kirche gehört. Als er vor etwa 700 Jahren gebaut wurde, gab es in dieser Größe nichts Vergleichbares in anderen Burgen oder Schlössern.

Geschaffen wurde er für große Empfänge und offizielle Anlässe, wie Eidesleistungen und Huldigungen.

Anlass für seine Erbauung unter Heinrich I., dem Enkel Elisabeths, war die Erhebung der Landgrafschaft Hessen zum **Reichsfürstentum** im Jahr 1292. Das bedeutete: ein Adliger oder ein Fürst hatte sein Land und die damit verbundenen Rechte (Lehen) nur und unmittelbar vom Kaiser bzw. König erhalten.

Früher führte vom Innenhof aus eine eigene Treppe in den Saal. Heute ist an der Stelle des ehemaligen Eingangs ein Fenster, das sich in seiner Form von allen anderen unterscheidet.

Wenn Du das anders geformte Fenster gefunden hast, dann weißt Du, wo früher der Eingang war.

Stelle dich einmal vor dieses Fenster, dann siehst Du auf der gegenüberliegenden Seite des Saals eine besonders große Nische. Dort stand sehr wahrscheinlich der Thron Heinrichs I., von dem aus der Landgraf den Eingang unmittelbar im Blick hatte. Aus dem Fenster hinter der Thronnische konnte er direkt auf die Elisabethkirche, in der seine berühmte Großmutter begraben lag, blicken. Du kannst Dich mal hierhin setzen und

Dich wie der Landgraf umsehen. Auch unter den anderen großen, oben spitz zulaufenden, gotischen Fenstern sind Nischen zum Sitzen oder auch zum Rausschauen.

Wie viele achteckige Pfeiler, an denen zum Schmuck alte Schilde hängen, tragen die Decken-Gewölbe?

_____

Was meinst Du, wie lang und wie breit ist der Saal ungefähr? Wenn Du große Schritte machst, gelingt es Dir bestimmt ganz gut zu schätzen.
Länge: Breite: Höhe:

Nun schau einmal nach oben in die Decken-Gewölbe. *Siehst Du an der Stelle, wo sich die Bögen treffen, die runden Steine?* Diese werden **Schlusssteine** genannt und sind häufig verziert. Hier kannst Du Köpfe, aus denen Blätter wachsen, Tiere und Laubgirlanden entdecken.

Schlusssteine sind im Gewölbebau besonders wichtig und werden deshalb auch oft ausgeschmückt. Sie sitzen an der höchsten Stelle des Gewölbes, und ermöglichen es erst, dass die Konstruktion sich selbst trägt.

Jetzt kennst Du den Saal aus der Zeit Heinrichs I. Aus späterer Zeit stammt der große Sandsteinkamin, der gleich neben der heutigen Tür steht; den hat man erst nachträglich zum besseren Beheizen hier eingebaut.

Auffällig an dem Saal sind noch zwei verzierte **Holzportale**, die auch erst später hier aufgestellt wurden. Besonders bei dem großen kannst Du Dir ansehen, wie geschickt die Schreiner die verschiedenen Holzarten verwendet haben, um damit perspektivische Bilder zu gestalten. Solche Einlegearbeiten nennt man **Intarsien.**

Über dem Durchgangsportal zum nächsten Raum sitzt ein aus Holz geschnitzter »Mann im Stock«. Das war eine hölzerne Fessel, die den Gefangenen an seiner Flucht hindern sollte, und erinnert an den Pranger am Marktplatz.

Im nächsten Saal, der im sogenannten **Frauenbau** liegt, siehst Du unter dicken Glasscheiben und einer Glaspyramide im Boden die ältesten Mauerteile des Schlosses. Hier stand der mittelalterliche Wohnturm.

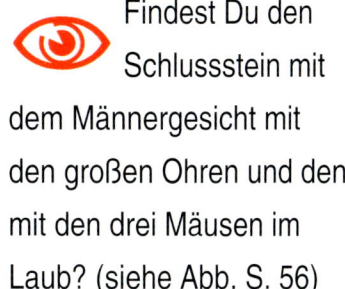

Findest Du den Schlussstein mit dem Männergesicht mit den großen Ohren und den mit den drei Mäusen im Laub? (siehe Abb. S. 56)

Kannst Du erkennen, ob der Mann lacht oder weint?
Entdeckst Du, in welchem Jahr das Holzportal angefertigt wurde?

Siehst Du, wie tief es da runter geht?

Wenn keine Wechselausstellungen stattfinden, sind in diesem Raum die Modelle der verschiedenen Bauabschnitte des Schlosses ausgestellt.

Nachdem Du den darauffolgenden Raum durchquert hast, gelangst Du über eine schmale Treppe in die **Schlosskapelle.** Ihre vollständige Ausmalung zeigt Dir den ursprünglichen Zustand: Die Wände sind mit rötlicher Farbe gestrichen und die weißen Linien darauf sollen das Mauerwerk darstellen. Die hohen, schmalen Fenster mit dem aufwändigen **Maßwerk** waren früher einmal bunt verglast.

Die Kapelle diente nur den Landgrafen und ihren Familien für Andachten und Gottesdienste und war nicht wie eine Kirche öffentlich zugänglich.

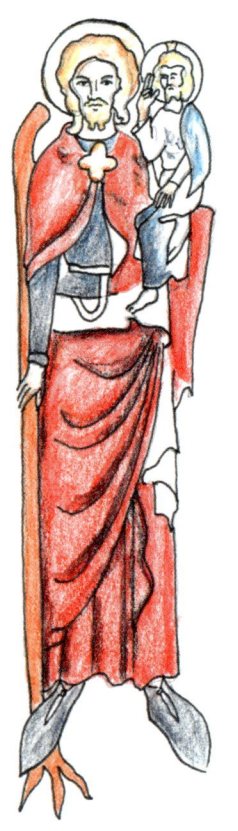 *Findest Du die beiden sich gegenüberliegenden Nischen, in denen der Landgraf und seine Frau gesessen haben?*

An der Wand neben dem Eingang, durch den Du in die Kapelle gekommen bist, siehst Du ein 6 Meter hohes Wandbild des heiligen Christophorus.

Die Menschen glaubten, dass man, wenn man sein Bild am Morgen betrachtet hat, den ganzen Tag geschützt sei, besonders vor einem unvorbereiteten und plötzlichen Tod.

Bei genauem Hinschauen fällt Dir vielleicht noch etwas Ungewöhnliches auf: Christophorus trägt nicht, wie in der Legende erzählt wird, das

Mit **Maßwerk** bezeichnet man die geometrische Gliederung eines Fensters aus feinen Steinprofilen.

Der Name Christophorus kommt aus dem Griechischen und bedeutet „Christusträger".

kleine Jesuskind über den Fluss, sondern Christus sitzt als kleiner, bärtiger Erwachsener auf dem linken Arm des Heiligen.

In moderner Zeit gilt Christophorus als Schutzpatron für Autofahrer, deshalb findest Du in manchen Fahrzeugen auch eine Plakette mit seinem Bild.

Der Fußboden mit den Tonfliesen erinnert an einen gemusterten Teppich. Einen ganz ähnlichen Fußboden hat die Sakristei der Elisabethkirche. Achte einmal darauf!

Von der Schlosskapelle gelangst Du durchs Treppenhaus rechts in die Galerie, den Verbindungsbau zwischen Schloss und Museum im Wilhelmsbau. Auf beiden Seiten kannst Du gut auf die Stadt heruntersehen.

An der Decke der Kapelle hat einer der drei Schlusssteine auf dem Rand eine Maske. Kannst Du sie entdecken?

Das Museum im Wilhelmsbau

Du bist hier schon in der 4. Etage des Museums, dem ›**Bürgerlichen Wohnen**‹

Hier sind Möbel, Porzellan, Kleidung und Spielsachen aus mehreren Jahrhunderten ausgestellt.

In einem Raum steht ein großes Puppenhaus. Kannst Du es finden?

Die 5. Etage zeigt ›**Trachten und Volkskunde**‹.
Gleich gegenüber dem Eingang ist in der Vitrine
eine Marburger Marktszene nachgestellt.
Schau mal in die Körbe, was die Bauern
alles zum Verkauf anbieten.

_____

_____

_____

_____

Früher wurde beim Mahlen des Getrei-
des durch Sieben das Mehl von der Kleie
getrennt, die aus dem holzgeschnitzten
›**Kleiekotzer**‹ herausfiel.
Häufig galt die Maske
als Schutzgeist
der Mühle.

Findest Du die
hölzerne Maske
mit großen Ohren und offe-
nem Mund, den sogenann-
ten ›**Kleiekotzer**‹?

Wie viele kleine
Vögel kannst Du
am Geländer zählen?
Hast Du schon in die Bau-
ernstube hinter einer Glas-
wand geschaut? Welches
Haustier hat die Familie?

Gleich daneben führt eine Treppe mit geschnitz-
tem Holzgeländer aufwärts.

Über die Wendeltreppe im Treppenhaus geht's
nach unten in die 3. Etage zu der ›**Landesherr-
schaft**‹. Hier gibt es vor allem Rüstungen, Waffen und Schilde der Landgrafen zu sehen.

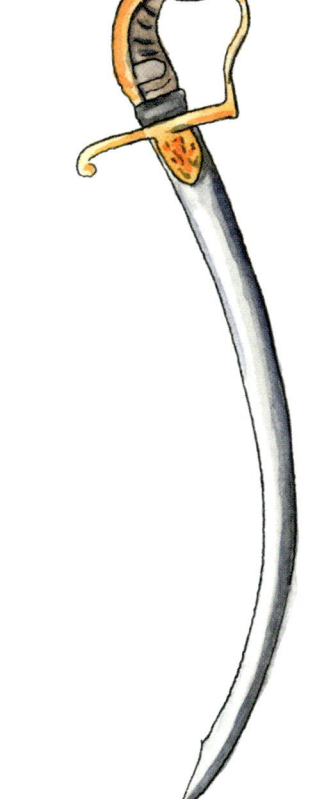

Ein riesiger, fast 600 Jahre alter Wandteppich (1420/30), der früher in der Elisabethkirche hing, erzählt die Geschichte vom Verlorenen Sohn.

In dieser biblischen Geschichte wird in Bildern berichtet, wie ein Sohn sich von seinem Vater sein Erbe in einem dicken Beutel aushändigen lässt und auf einem Pferd davonreitet. Nachdem er sein Geld mit Vergnügungen verprasst hat, ist er so arm, dass er bei fremden Leuten die Schweine hüten muss. Reumütig beschließt er, zu seinem Vater zurückzukehren. Dieser ist so froh über seine Rückkehr, dass er ihm keine Vorwürfe macht, sondern ihm schöne Kleider gibt und ein Festmahl zu seinen Ehren veranstaltet.

In wie vielen Szenen wird die Geschichte auf dem Wandteppich erzählt?

_____

Wer hat nachher den dicken Geldbeutel, den der Sohn in der ersten Szene von seinem Vater erhalten hat?

_____

Ein ganz ähnliches Schwert und Reitersporen, wie Du sie hier auf dem Teppich siehst, liegen in einer Vitrine.

Auch der Schild von Heinrich I., dem Enkel Elisabeths und ersten Landgrafen von Hessen, ist in einer Wandvitrine ausgestellt. Solche Schilde sind nur selten erhalten.

Aus welchem Material ist die aufgebrachte Verzierung dieses Schildes?

Eisen?   Leder?   Stein?

*Erkennst Du das Tier darauf?*_____

Kannst Du erkennen, welches Motiv für die Verzierung gewählt wurde?

Im Stockwerk darunter, der 2. Etage, heißt das Thema ›**Kirchliche Kunst**‹.

In einer großen Vitrine wird die hölzerne Schutzhülle des kostbaren Elisabethschreins, der in der Elisabethkirche steht, gezeigt. Obwohl sie nur ein Schutz für den Transport des Schreins war, ist sie auch von innen verziert.

In einer Ecke des Raumes findest Du eine Kanzel, auf der vier Stundengläser (Sanduhren) stehen. Diese waren im 17. Jahrhundert eine Hilfe für den

Pfarrer, seine Predigtzeit, die 2–3 Stunden dauern konnte, besser zu überblicken. Weißt Du, warum diese Gläser auch Eieruhren genannt werden? Nicht etwa, damit man weiß, wie lange schon die Eier kochen, sondern weil sie früher nicht nur mit Sand gefüllt wurden, sondern auch mit ganz fein gemahlenen Eierschalen.

In der untersten Etage des Wilhelmsbaus bist Du in einem steinernen Gewölbe mit Funden aus der ›**Vor- und Frühgeschichte**‹ angekommen.

In einer Vitrine liegt ein über 1000 Jahre altes Menschenskelett. Man vermutet, dass es von einem ca. 1,78 m großen Mann stammt, der zwischen 50 und 60 Jahre alt war.
Welche Beigaben wurden ihm mit ins Grab gegeben?

_____

_____

In einer Wand ist ein beleuchteter Schacht mit dem freigelegten Fundament des Wilhelmsbaues sichtbar. Hinten siehst Du den Sandsteinfelsen, auf dem das Schloss steht.

Über die Galerie gelangst Du wieder zum Ausgang.

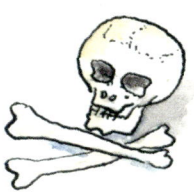

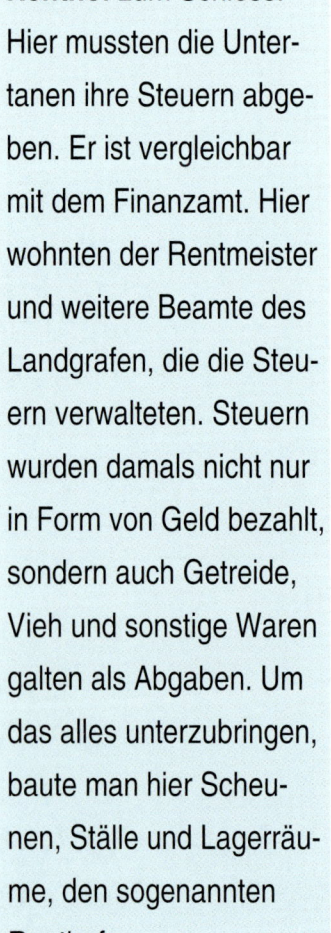

Das Außengelände des Schlosses

Wenn Du das Schloss wieder verlässt, kannst Du noch auf die ›Rückseite‹, die **Nordterrasse**, gehen. Hier stand früher ein weiteres Gebäude, von dem aber nur ein paar kleine Mauerreste übrig sind. Unter der Terrasse, auf der Du stehst, befindet sich aber noch das geräumige Kellergeschoss, in dem das größte Vorkommen von Zwergfledermäusen in Hessen nachzuweisen ist.

Früher gab es die vielen hohen Bäume nicht, damit die Landgrafen und ihre Leute auch von hier ein freies Schussfeld und einen guten Überblick über das Geschehen im Tal wie auch auf die Elisabethkirche und das Gelände des Deutschen Ordens hatten.

Von der Mauer aus kannst Du zwischen den Bäumen den **Renthof** sehen.

Seit 1260 gehörte der **Renthof** zum Schloss. Hier mussten die Untertanen ihre Steuern abgeben. Er ist vergleichbar mit dem Finanzamt. Hier wohnten der Rentmeister und weitere Beamte des Landgrafen, die die Steuern verwalteten. Steuern wurden damals nicht nur in Form von Geld bezahlt, sondern auch Getreide, Vieh und sonstige Waren galten als Abgaben. Um das alles unterzubringen, baute man hier Scheunen, Ställe und Lagerräume, den sogenannten Renthof.

Links den Weg hinunter kommst Du zum **Hexenturm,** dem ersten Kanonenturm des Marburger Schlosses.

Seit dem Mittelalter hatten sich die militärischen Möglichkeiten weiterentwickelt. Jetzt wurde nicht mehr mit Lanzen und Schwertern gekämpft, sondern zunehmend mit schweren Geschützen wie großen Gewehren und Kanonen. Weil hohe, schlanke Türme von Kanonen leicht zerstört werden konnten, brauchte man jetzt niedrige und breite Türme mit dicken Mauern. Das hatte zur Folge, dass das Schloss immer stärker zu einer massiven, dicken Festung ausgebaut werden musste, denn die Lage ›hoch oben‹ auf dem Berg bot inzwischen nicht mehr genügend Schutz. Um sich besser gegen Angriffe von Nordwesten schützen zu können, ließ Landgraf Wilhelm III. nach 1478 den dreigeschossigen **Hexenturm** oder Weißen Turm am Halsgraben errich-

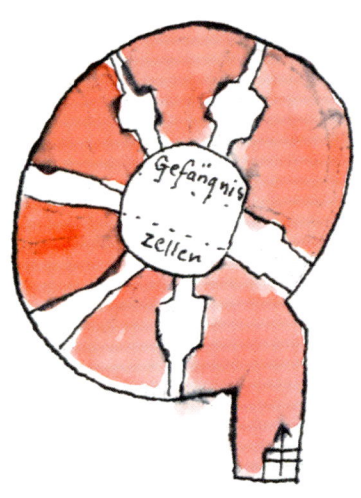

ten. Seine Mauern sind 4 m dick und aus den Schießscharten konnte man die ganze Nord- und Westfront verteidigen. Später wurde er auch als Gefängnis benutzt. Hinter den massiven Mauern und schweren Holz- und Eisentüren wurden Frauen eingekerkert, die angeblich Hexen waren. 1685 wurde in Marburg die letzte Hexe verbrannt.

Woran kann man heute noch erkennen, dass dieser Turm auch als Gefängnis diente?

_____

_____

Die Mauerreste, die Du von hier unterhalb des Turmes sehen kannst, gehören zu den **Kasematten.** Das waren ursprünglich unterirdische Gewölbe und weitere Bestandteile der Festungsanlage. Sie waren als Unterstände für die Soldaten hinter ganz dicken Mauern angelegt worden und von Erde überdeckt; bis zu 1000 Mann konnten in dieser Festung Platz finden. Trotz all dieser Ausbauten und Verbesserungen gelang es nicht, Angreifer und Feinde fernzuhalten. Die Befestigungsanlage hatte ihren Zweck und ihre Bedeutung verloren und wurde nach 1800 endgültig **geschleift**.

Wer weiß es noch?

*Wer lebte in diesem Schloss?*_____

_____

*Welche Tiere sind auf dem landgräflichen Wappen abgebildet?*_____

*Warum ist der Fürstensaal so bedeutend?*_____

_____

_____

*Wo werden Schlusssteine verwendet?*_____

_____

_____

*Wer durfte die Schlosskapelle benutzen?*_____

_____

! Die **Kasematten** und den **Hexenturm** kannst Du von innen nur mit einer Führung besichtigen. (März bis Oktober Sa 15:15 Uhr im Schlosshof, sonst auf Anfrage.)

Kleiner Ausflug in die Baugeschichte des Landgrafenschlosses

Sein heutiges Aussehen hat das Schloss nicht von Anfang an gehabt. Durch Ausgrabungen weiß man, dass hier schon vermutlich vor fast 1000 Jahren ein noch verhältnismäßig kleiner, wehrhafter Wohnturm stand, der mit einer Ringmauer umgeben war. Aus diesem Burgturm wurde durch viele Um- und Neubauten über mehrere hundert Jahre erst das Schloss, wie wir es heute sehen.

1122 wurde diese damals noch kleine Burg an die Landgrafen von Thüringen vererbt. Sie bau-

ten hier eine erste Befestigungsanlage, um ihren neuen Besitz, der weit weg von ihrem Stammsitz Eisenach in Thüringen war, besser verteidigen zu können. Die Lage hier oben auf dem Berg war deshalb so vorteilhaft, weil sich zwei wichtige Handelsstraßen und die Lahnfurt von hier aus gut kontrollieren ließen.

Als über hundert Jahre später 1228 die 21-jährige **Elisabeth von Thüringen** nach Marburg kam, stand dort oben auf dem Berg noch nicht das Schloss, wie wir es heute kennen. Sie selbst hat auch nie dort oben gewohnt.

Erst eine Tochter der heiligen Elisabeth, **Sophie von Brabant,** gründete das Land **Hessen** als **eigenes Herrschaftsgebiet**.

Sophies Sohn **Heinrich I.** (1247–1308) wurde später der **erste hessische Landgraf.** Damit begann im Jahr 1248 der erste wichtige Umbau der **Burg** zu einem **Residenzschloss**.

Heinrich wohnte im Schloss und regierte und verwaltete von hier aus das Land. In seiner Regierungszeit wurden der Südflügel mit der Schlosskapelle und der neue Westflügel gebaut. Im Nordflügel entstand der damals größte gotische, gewölbte Profansaal in Deutschland, der **Fürstensaal** (1300). So große Säle gab es sonst nur in Kirchen, nicht aber in privaten, profanen Gebäuden.

Nach dem Tod Heinrichs I. 1308 war Marburg für viele Jahre keine Residenz mehr, denn die

Landgrafen verlegten ihren Regierungssitz nach Kassel. Deshalb wurde das Schloss in der folgenden Zeit nicht wesentlich erweitert.

Erst fast zweihundert Jahre später wurde mit Landgraf **Wilhelm III**. (1483–1500) Marburg wieder für kurze Zeit zu einem Fürstensitz (Residenz). Der Landgraf ließ östlich des Hauptschlosses den Wilhelmsbau (1493–1497) als Wohnbau errichten, der durch eine Galerie mit dem Schloss verbunden ist.

Noch später, unter **Ludwig IV.** (1567–1604), wurde an der Südfront unterhalb der Schlossuhr an der Kapelle die Rentkammer vorgebaut. Im äußeren Schlosshof kamen der Marstall und die Schmiede dazu.

Nicht nur das Schloss wurde mit der Zeit immer stärker zu einem Wohnschloss umgewandelt, sondern auch die Befestigungs- und Verteidigungsanlagen wurden ständig weiter verstärkt. Doch all diese Verbesserungen konnten nicht verhindern, dass kurz nach 1800 die Anlagen endgültig geschleift, das bedeutet zerstört und niedergerissen, wurden.

Danach wurden Teile des Schlosses nacheinander als Lazarett, so nennt man ein Militärkrankenhaus, Gefängnis, Archiv und heute als Museum genutzt.

DER MARKTPLATZ

Welche Funktion hatte ein Marktplatz früher?

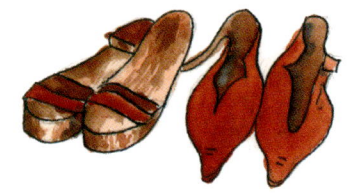

Im Mittelalter gab es in Marburg mehrere Plätze, auf denen mit verschiedenen Waren gehandelt wurde. Man nannte diese Handelsplätze **Markt** und oft wurden die Märkte nach der Ware benannt, die dort angeboten wurde. So hieß der obere Teil des heutigen Marktplatzes Salzmarkt. Anderenorts fanden ein Heumarkt und ein Kornmarkt statt. Auf der »Hofstatt« wurde der Viehmarkt abgehalten, es gab einen Gänsemarkt, am »Plan« den Töpfermarkt, unterhalb des Rathauses den Holzmarkt und am Kilian den Schuhmarkt und Ledermarkt.

Das Rathaus wurde erst zwischen 1512 und 1527 gebaut und der daran anschließende Marktplatz hatte noch vielerlei mehr Funktionen zu erfüllen als die anderen Plätze.

Es gab ähnlich wie heute mittwochs und samstags einen **Wochenmarkt**, auf dem die Bauern und Handwerker aus der umliegenden Gegend Erzeugnisse anbieten konnten. Die Bevölkerung hatte die Möglichkeit, hier ihren täglichen Bedarf an Lebensmitteln und anderen Waren zu decken.

Zum Zeichen, dass am nächsten Tag Markt sein würde, wurde eine kleine Fahne am Rathaus aufgehängt.

Aber es gab auch mehrmals im Jahr **Jahrmärkte**, auf denen fremde Händler ihre Erzeugnisse anbieten konnten, die zum Teil in Marburg nicht hergestellt wurden. Diese Jahrmärkte waren richtige »Großereignisse«, bei denen auch viele Spektakel zu sehen waren.

Das wichtigste Erzeugnis aus Marburg, das in fernen Städten wie Basel, Straßburg, Krakau und Wien verkauft wurde, war das Wolltuch. Die Handelsmesse in Frankfurt am Main war schon damals ein wichtiger Umschlagplatz.

Eine zentrale Bedeutung hatte der Marktplatz auch wegen des **Brunnens**. Da es noch kein fließendes Wasser in den Häusern gab, mussten die Leute hier ihr Wasser in Eimern und Krügen holen. Der Marktbrunnen wurde über Wasserleitungen vom Dammelsberg und aus der Marbach gespeist, da er kein eigenes Grundwasser hatte. Der Brunnen war von oben abgedeckt und besondere Aufpasser achteten darauf, dass das Wasser nicht verschmutzt oder sogar vergiftet wurde.

Außerdem war der Marktplatz der Ort, wo **Recht gesprochen** wurde. Das bedeutet, dass hier in aller Öffentlichkeit die Gerichtsverhandlungen abgehalten wurden. Die Urteile und Bestrafungen sollten vor aller Augen stattfinden, um so möglichst vor Straftaten abzuschrecken.

Bis ins 18. Jahrhundert gab es noch verschiedene Folterwerkzeuge auf dem Marktplatz. Am **Pranger** konnten die hier Festgehaltenen von allen Vorübergehenden beschimpft und verspottet werden.

Am **Schnappgalgen** wurden die Arme der Verurteilten hinter dem Rücken zusammengebunden; dann wurden sie daran hochgezogen und plötzlich auf das Steinpflaster fallen gelassen. Das Auskugeln der Schultergelenke machte ein Schnappgeräusch.

Trillerhäuschen waren drehbare Käfige für Diebe und Betrunkene. Jeder, der daran vorbei ging, durfte sie solange drehen, bis der darin Eingesperrte sich erbrechen musste.

Nur die Todesstrafe wurde nicht auf dem Marktplatz, sondern am Rabenstein, in Nähe der Hansenhäuser, vollzogen.

Das Rathaus

Das **Rathaus**, das Du Dir jetzt einmal genauer anschauen solltest, konnte nach einer 15-jährigen Bauzeit 1527 endlich bezogen werden. Es steht mit seiner Querseite zum Platz und bildet dadurch den Abschluss des Marktes nach unten.

Das Baumaterial ist, wie auch beim Schloss, Bruchsandstein, der hier in der Umgebung abgebaut wurde. Ursprünglich war das Gebäude verputzt und angestrichen. In der Mitte siehst Du den Treppenturm, an dessen Giebel oben eine große Uhr hängt.

Kannst Du erkennen, was die Figur in den Händen hält?

Darunter steht die Steinfigur einer Frau im langen Kleid. Es ist »Justitia«, die römische Göttin der Gerechtigkeit, die auf den Platz, auf dem auch das Gericht tagte, herunterschaut. Die Waage bedeutet, dass sie immer erst genau abwägt, bevor sie, notfalls auch mit dem Schwert, ihr Urteil fällt.

Ganz oben auf dem Giebel steht ein Hahn, der zu jeder vollen Stunde mit den Flügeln schlägt. Darunter siehst Du eine Mondphasen-Kugel, die sich langsam dreht und Tag und Nacht anzeigt. *Wie groß, glaubst Du, ist der Hahn?*
50 cm?   2 m?   1 m?

Während der Hahn mit den Flügeln schlägt, bläst ein Wächter links neben der Uhr zu jeder vollen Stunde in seine Trompete. Deshalb meinen viele fälschlicherweise, dass der Hahn kräht. Achte doch selbst einmal darauf, wenn wieder eine volle Stunde geschlagen hat.

Die Figur rechts stellt den Tod dar, der eine Sanduhr hält: So langsam wie der Sand durchläuft, läuft auch die Lebenszeit unaufhaltsam weiter und zeigt den Menschen, dass das Leben nicht ewig dauert.

Im Rathaus fanden nicht nur wichtige Ratssitzungen statt, sondern es diente auch zum Feiern großer Feste, denn hier war der einzige große Saal in der Stadt. Wenn Du links durch die Fenster schaust, kannst Du ihn sehen.

Um die im Rathaus stattfindenden Hochzeiten und Feste mit aufwändigem Essen versorgen zu können, wurde 1574 rechts der Küchenflügel angebaut.

Auch hatten verschiedene Händler, die nicht auf den Straßen verkauften, hier im Rathaus ihre Stände untergebracht.

So nutzten beispielsweise die Fleischhändler das kühle Kellergeschoss für ihre Ware, da es damals noch keinerlei Kühlvorrichtungen gab.

Ursprünglich befand sich der Haupteingang in dem vorgebauten **Treppenturm**. Um ihn in sei-

ner Bedeutung hervorzuheben, befindet sich über der Tür ein Relief mit der Darstellung der heiligen Elisabeth als Schutzpatronin der Stadt und des Landgrafen. Mit einer Hand hält sie das landgräfliche Wappen, auf der anderen Seite trägt sie ein Modell der Elisabethkirche.

Kannst Du erkennen, wer in den Ecken kniet?

In der kleinen Nische darunter hält ein Löwe, der fast ein bisschen wie ein Affe aussieht, einen Schild mit dem landgräflichen Helm und einen anderen mit dem M für Marburg.

An einer Seite des Treppenturms findest Du die **Marburger Elle.** Sie war ein altes Längenmaß, das von der Länge eines Unterarmes abgeleitet wurde und für alle Märkte der Stadt als Kontrollmaß diente.

Vergleiche einmal Deinen Unterarm mit dem Maß.

Findest Du die **Marburger Elle**?

Wenn Du mit etwas Abstand auf das Rathaus schaust, siehst Du das hohe Dach, hinter dem sich mehrere Dachböden verbergen, die als Lagerräume genutzt wurden.

Heute sind im Rathaus einige Büros der Stadtverwaltung untergebracht. Auch der Oberbürgermeister und sein Vertreter, der Bürgermeister, haben hier ihre Amtszimmer.

Der Marktplatz heute

Links vor dem Rathaus steht das **Denkmal** (1989) für Sophie von Brabant und ihren Sohn Heinrich I. Sophie war eine Tochter der heiligen Elisabeth und hatte sich eine eigene Herrschaft in Marburg erkämpft und die Gründung der Landgrafschaft Hessen erwirkt. Ihr Sohn Heinrich I. wurde der erste **Landgraf von Hessen**.

Hier auf dem Denkmal wird er von seiner Mutter als nacktes, kleines Kind hochgehalten und dem Volk als zukünftiger Herrscher gezeigt. Am Sockel hält ein kleiner Affe eine Tafel in der Hand.

Der Titel **Landgraf** entspricht dem des Herzogs. Beide waren die wichtigsten Adelstitel unter dem des Königs.

Kannst Du erkennen, was auf der Tafel dargestellt ist?

Nun kannst Du Dich einmal mit dem Rücken zum Rathaus stellen und Dir den Marktplatz von hier unten anschauen.

Sicherlich hast Du den **Marktbrunnen,** mit der Säule in der Mitte, schon entdeckt.

Es ist der Heilige Georg, der seine Lanze auf einen geflügelten Drachen unter seinem Pferd gerichtet hat. Der Drache hat sein Maul weit aufgerissen, um Feuer zu spucken. Seinen Schwanz

Welche Figur steht oben auf der Säule? Ist es der Landgraf? Der Heilige Georg? Der Oberbürgermeister?

hat er fest um den Hinterlauf des Pferdes geschlungen.

Vor dem Brunnen steht ein kleines, bronzenes **Modell des Marktplatzes**. Du kannst seine Häuser mit den echten vergleichen, und Blinde können mit den Händen den Marktplatz ertasten.

Findest Du heraus, wo Du gerade stehst?

Wenn Du Dich umschaust, fällt Dir bestimmt auf, dass überwiegend **Fachwerkhäuser** den Marktplatz umgeben. Diese Gebäude in der Marburger Altstadt sind etwas ganz Besonderes. Es gibt in Deutschland nicht viele vergleichbare Städte. Weil manche Häuser schon mehrere hundert Jahre alt sind, wurden sie im Laufe der Zeit immer wieder umgebaut und sehen deshalb nicht mehr ganz so aus, wie sie ursprünglich waren. Keines der Häuser hatte Fenster mit Glasscheiben, wie Du sie heute siehst. Die Fensteröffnungen waren mit Tierhäuten, Leinen und später, nur in vornehmeren Häusern, mit Butzenscheiben aus Glas verschlossen.

Du kannst ganz unterschiedliche Fachwerkhäuser sehen, größere und ganz kleine. Die meisten stehen mit dem Giebel zum Platz. Die sichtbare Fachwerkkonstruktion wurde farbig gestrichen: Im Mittelalter verwendete man Holzkohlebeigaben für einen schwarzen Anstrich, im 15. und 16. Jahrhundert mischte man aus Ochsenblut, Asche und Leinöl dunkelrot, im 16. und 17. Jahrhundert kamen die Farben grau und hellblau dazu und im 19. Jahrhundert grün.
*Welche Farben siehst Du?*_____

_____

_____

Ein paar außergewöhnliche Gebäude sollen hier vorgestellt werden:

Markt 14, Gasthaus zur Sonne.

Dieses kleine, über 400 Jahre alte Fachwerkhaus hat vier Geschosse und steht mit dem Giebel zum Platz. Wenn Du genau schaust, siehst Du, dass die Geschosse nach oben hin vorne leicht überstehen, das nennt man »auskragen«.

Das Überstehen der Geschosse hatte verschiedene Gründe: Zum einen wurde die Grundsteuer - das waren Abgaben an die Stadt - nach der Größe des untersten Geschosses berechnet, also versuchte man dort an Raum zu sparen. Zum anderen waren die Gassen früher häufig sehr eng. Deshalb benötigte man dort, wo Betrieb war und Fuhrwerke vorbeifuhren, den meisten Platz.

Nach oben wurde durch die Auskragung zusätzlicher Wohnraum gewonnen. Weil die äußeren Eckbalken des Gasthauses »Zur Sonne« über das Erdgeschoss und das 1. Obergeschoss reichen, nimmt man an, dass sich hier ursprünglich eine größere Halle befand. Heute sind es zwei Geschosse mit niedriger Raumhöhe.

Eine Inschrift über der Tür verrät Dir, wie der Erbauer des Hauses hieß, und in welchem Jahr es errichtet wurde: **RANDOSUC LENK 6010**
*Diese Inschrift ist wohl etwas durcheinandergeraten, kannst Du sie berichtigen?*_____

_____

Schräg gegenüber steht das **Haus der Romantik**, **Markt 16**, in dem sich heute ein kleines Museum befindet. Sicherlich bemerkst Du beim Betrachten der Hausfassade einen wesentlichen Unterschied zu den meisten anderen Fachwerkhäusern.

Die zwei unteren Geschosse sind aus Stein und erst die beiden Geschosse darüber sind aus Fachwerk. Auffällig ist auch das große Eingangsportal mit Säulen und einem Giebel, in dem die Familienwappen des Hausbesitzers und seiner Frau zu sehen sind.

*Von welchen Tieren werden sie gehalten?*_____

_____

Daneben, nur durch eine Gasse getrennt, steht das **Steinerne Haus, Markt 18**.

An dem Namen erkennt man schon, dass das Material dieses Haus etwas Besonderes und eine Ausnahme war. Es ist Marburgs ältestes noch erhaltenes Wohnhaus aus **Stein,** bald 700 Jahre alt. In der damaligen Zeit konnten sich nur sehr wohlhabende Bürger das Baumaterial Stein leisten.

Eine Gefahr für die Fachwerkhäuser der engen Oberstadt waren immer wieder die schlimmen Brände. Man vermutet, dass dieses Haus nach einem solchen Großbrand im Jahre 1319, der nahezu die ganze Stadt vernichtete, errichtet wurde.

Ein weiteres besonderes Merkmal des Hauses ist sein treppenförmiger Giebel.

Schau einmal in den schmalen Spalt zum rechten Nebenhaus nach oben. Kannst Du im obersten Geschoss einen kleinen (**Abort-**) **Erker** *sehen?*

Das war eine Art Plumpsklo, welches unten offen war. Toiletten gab es damals noch in keinem Haus, und deshalb war dieser Erker ein besonderer »Luxus«. Üblicherweise benutzte man Nachttöpfe, die einfach auf die Straße gekippt wurden. Sicherlich kannst Du Dir vorstellen, wie es in den Gassen ausgesehen und gerochen hat. Die erste Kanalisation wurde erst 1896 verlegt.

Wenn Du Dich jetzt umdrehst, siehst Du gegenüber ein besonders großes Fachwerkhaus:
Markt 19, »Castello«.

Es unterscheidet sich von allen anderen Fachwerkhäusern am Markt dadurch, dass es nicht mit dem Giebel zur Strasse steht. Du siehst das Haus von der Querseite und blickst auf das mächtige Satteldach. Das Haus ist so breit, dass man zwei Grundstücke brauchte. Als einziges Gebäude ist es mit reicher Schnitzerei am Fachwerk versehen. Etwas Besonderes ist auch der **sechsseitige** Eck-Erker, der wie ein Türmchen bis ins Dach reicht. So etwas gab es bis dahin noch nicht in Marburg. Dies alles sind Hinweise auf einen sehr reichen Hausbesitzer.

*Kannst Du das Baujahr finden?*_____
(Tipp: Suche das aus Sandstein gehauene Wappen.)

Justus Didamar aus Kassel war Statthalter, Rentmeister und später Hofrat von Landgraf Philipp. Das war eine hohe Stellung am Hof, für die er sehr gut bezahlt wurde. Er wollte, dass sich sein Haus von allen anderen Marburger Häusern unterschied, und wollte seinen Reichtum und seine wichtige Position am Hof des Landgrafen nach außen hin allen Leuten zeigen. Weil solche Häuser bis dahin (1566) in Marburg noch kein Vorbild hatten, brachte er sich die Handwerker und Zimmerleute aus seiner Heimatstadt Kassel mit.

Als Abschluss des Obermarktes siehst Du das mächtige Gebäude **Schlosstreppe 1 (Weinlädle)**. Dieses Haus mit dem Giebel zum Markt solltest Du Dir von der Seite zur Mainzer Gasse anschauen. Es ist ein gutes Beispiel für die verschiedenen Fachwerkbauweisen.

Sieben haushohe, schwarze »Ständer«- Balken stehen auf einem Sandsteinsockel. Die großen, schräg verlaufenden Balken nennt man Schwertungen. Sie dienen der Versteifung und Stabilisierung der Wand. Auf der linken Seite siehst Du einen späteren rotfarbigen Anbau in Rähmbauweise.

! Über den Glaskubus auf dem Platz Mainzer Gasse/Schlosssteig kannst Du mehr im nächsten Kapitel, **Juden in Marburg**, erfahren.

83

Fachwerkbauweisen

Man unterscheidet **zwei verschiedene Bauweisen:** Ständerbau und Rähmbau.

Ständerbau

Die Besonderheit des Ständerbaus ist, dass lange, **haushohe**, vom Fußboden bis zum Dach **durchgehende** Stämme verarbeitet wurden. Die einzelnen Geschossdecken sind auf waagerechte Riegel aufgelegt und verzapft. Diese Bauweise wurde unter Landgraf Philipp seltener. Da das Holz in der Umgebung knapper wurde und es schwierig war, lange Stämme zu bekommen, schränkte Philipp das Fällen der Bäume stark ein. Deshalb konnten Fachwerkbauten mit durchgehenden haushohen Stämmen, den sogenannten Ständern, nur noch selten errichtet werden.

← durchgehende Stämme ↓

Ständerbau

Rähmbau

Zunehmend wurde daher die Ständer- durch die Rähmbauweise ersetzt. Dabei wurden die Geschosse einzeln errichtet und übereinander gesetzt. Die einzelnen Wandscheiben konnten auf dem Zimmerplatz vorbereitet und verzapft und auf der Baustelle wieder zusammengesetzt werden. Die Zwischenräume zwischen den Balken nennt man Gefache. Sie wurden entweder mit einem Holzgeflecht und Lehm ausgefüllt oder auch mit Lehmbausteinen ausgemauert und verputzt.

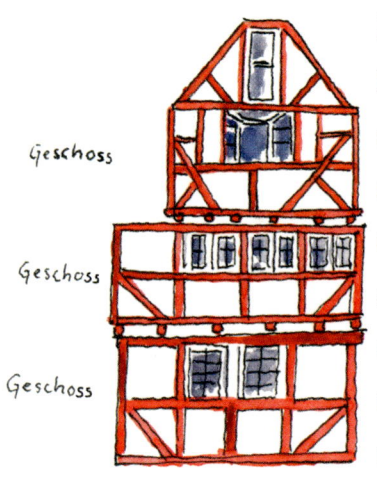

Geschoss

Geschoss

Geschoss

Rähmbau

Juden in Marburg

Bestimmt ist Dir bei Deiner Stadterkundung schon der Glaskubus auf dem kleinen Platz aufgefallen, an dem sich Mainzer Gasse und Schlosssteig treffen. Hier ist man 1993 zufällig bei Bauarbeiten für eine unterirdische Trafostation auf die Reste eines **Synagogenraumes** gestoßen. Synagoge nennt man ein jüdisches Gotteshaus beziehungsweise einen jüdischen Versammlungsraum. Die Glaskonstruktion ermöglicht den Blick in die ausgegrabene Anlage und macht deutlich, wie hoch das Gebäude – vom Boden bis zum Dach – ursprünglich einmal war.

Da der jüdische Gottesdienst ein anderer ist als der der Christen, obwohl alle an denselben Gott glauben, unterscheiden sich auch die Architektur und die Ausstattung einer Synagoge von der einer Kirche. So wirst Du in einer Synagoge kein Taufbecken, keinen Altar und kein Kreuz finden.

Wenn Du nach unten schaust, siehst Du einen verhältnismäßig breiten Raum, der aber im Unterschied zu christlichen Kirchen keinen Chor hat. Die Juden versammeln sich vor der Bima, einer erhöhten Plattform, auf der das Lesepult für die Thora, die heilige Schrift des Judentums, steht.

In einer mittelalterlichen Urkunde wird erwähnt, dass nach dem großen Stadtbrand 1319 eine Judenschule in der Judengasse – jetzt heißt sie Schlosssteig – errichtet wurde. Damit war wahrscheinlich dieser Synagogenraum gemeint.

Weil zu einem jüdischen Gottesdienst mindestens zehn Männer anwesend sein mussten, geht man davon aus, dass bereits um diese Zeit mehrere jüdische Familien ständig in Marburg gelebt haben und dass es eine jüdische Gemeinde gab. Sie wohnten über die Stadt verteilt, nicht in einem bestimmten Viertel (Ghetto).

Sie hatten einen eigenen Friedhof, der – entsprechend jüdischer Vorschrift – außerhalb der Stadtmauer lag. Du kannst ihn heute noch in der Georg-Voigt-Strasse/Alter Kirchhainer Weg besuchen.

Immer wieder waren die Juden Anfeindungen und Verfolgungen ausgesetzt. Als 1348/49 auch in Marburg eine große Pestepidemie ausbrach und die Juden für deren Ausbreitung mitverantwortlich gemacht wurden, wurden sie mit Gewalt aus der Stadt vertrieben. Damals riss man die urkundlich erwähnte Judenschule am Obermarkt ab. Ihre Steine wurden in andere Häuser in der Stadt verbaut.

Zwei Landgrafen des 15. Jahrhunderts hatten jüdische Leibärzte auf Grund ihrer besonderen medizinischen Fähigkeiten für sich und ihren gesamten Hof beschäftigt. Doch unter Landgraf Philipp wurden im 16. Jahrhundert Gesetze erlassen, die den Juden strenge Auflagen und Bedingungen machten und ihnen das Leben erschwerten. Auch mussten sie eine Reihe von Abgaben und Zahlungen an die Stadt leisten. Sie durften weder Häuser noch Grund und Boden besitzen und konnten deshalb auch keine Landwirtschaft betreiben. Zudem war es ihnen nicht möglich, ein Handwerk auszuüben, da Handwerker in Zünften zusammengeschlossen waren und diese keine Juden aufnehmen durften. Um zu überleben, suchten sie Tätigkeiten in Bereichen wie Handel und Tausch und kleinem Gewerbe. Auf dem Land betrieben sie vor allem Viehhandel. Ein anderer Zweig waren Geldgeschäfte, Kredite und Geldhandel. Viele nichtjüdische Kaufleute wollten die Juden wegen ihres Erfolges aus dem Marburger »Geschäftsleben« verdrängen und wandten sich mit Klagen, die oft ungerechtfertigt waren, an den Landgrafen. Sobald irgendwo gestohlen wurde, beschuldigte man die Juden der Tat.

Aus Urkunden geht hervor, dass sie nach all den Einschränkungen schließlich erneut aus Marburg ausgewiesen wurden.

Erst 200 Jahre später hatten die Menschen mehr Verständnis für andere Glaubensrichtungen und es konnte wieder eine jüdische Gemeinde in der Stadt heranwachsen. Sie errichtete eine neue Synagoge und gründete 1861 eine eigene jüdische Volksschule.

In der Universitätsstraße, nahe dem Rudolphsplatz, wurde 1897 eine große Synagoge gebaut, die in der Nacht vom 9. auf den 10. November 1938 von Nationalsozialisten in Brand gesetzt wurde.

Heute erinnert ein Gedenkstein auf dem Platz an das Geschehen. Jetzt befindet sich die Synagoge in der Liebigstrasse im Südviertel.

Gleich in der Nähe der mittelalterlichen Synagoge ist in der Mainzer Gasse 25 ein sogenannter **»Stolperstein-Stein gegen das Vergessen«** im Straßenpflaster verlegt.

Bei Deinem Rundgang durch die Stadt kannst Du solche **Stolperstein**e mehrfach entdecken. Der Kölner Künstler Gunter Demnig verlegt seit

Weitere Steine in der Oberstadt findest Du in der Barfüßerstraße 50 und am Steinweg 12.

1995 vor den ehemaligen Wohnhäusern von Opfern des Nationalsozialismus einen Pflasterstein mit einer 10 × 10 cm großen Messingplatte. Darauf sind ihr Name, das Geburtsjahr, der Tag der Deportation, so nennt man die Zwangsverschickung in Arbeitslager unter den Nationalsozialisten, und das Todesdatum eingraviert. Diese besonderen Gedenksteine sollen beim »Darüberstolpern« an die Ermordeten oder Vertriebenen auch heute noch erinnern. Die letzte Deportation Marburger Juden fand am 6. September 1942 statt.

STADT-RALLYE

Ausgangspunkt Marktplatz

! Nicht vergessen: Stifte, Murmeln und – wer eines hat – ein Fernglas! Einen Stadtplan zur Orientierung findest Du auf den Seiten 126/127.

Tour 1:
Erkundung des ältesten Teils der Stadt

Deine Tour beginnt am Rathaus, auf das Du schaust. Links geht es in die Aulgasse hinein und gleich rechts die Treppe herunter, dann kommst Du auf einen kleinen Platz, den Schuhmarkt. Der heißt deshalb so, weil hier die Schusterzunft früher ihren Sitz hatte.

Das steinerne Gebäude, vor dem Du jetzt stehst, ist der **Kilian.** Es ist das älteste erhaltene Gebäude in Marburg. Auch wenn es heute gar nicht mehr so aussieht, war dies die **erste Kirche,** bzw. Kapelle der entstehenden Stadt, direkt beim Markt.

*Woran kann man erkennen, dass das Gebäude eine Kirche war? (Tipp: Gibt es einen besonderen Schmuck?)*_____

_____

*Wann wurde sie erbaut?*_____
*Warum sieht sie heute nicht mehr wie eine Kirche aus? Fehlt etwas Typisches?*_____

_____

Die Reitgasse führt hinunter zur **Alten Universität** mit der **Universitätskirche**.

An dieser Stelle, der Südostecke der Altstadt, bauten die Dominikanermönche ab 1291 ein großes Kloster, von dem aus die hier verlaufende Stadtmauer gut kontrolliert werden konnte.

Der Platz seitlich der Kirche, auf dem heute moderne Stühle und Lesepulte stehen, heißt Kornmarkt, weil hier im Mittelalter das Korn verkauft wurde.

Du kannst Dich auf einen der Stühle setzen und Dir die Kirche in Ruhe von außen anschauen.

Die **Dominikanerkirche**, die heute Universitätskirche heißt, war ursprünglich die Klosterkirche dieses Bettelordens. Bettelorden bedeutet, dass die Mönche keinen eigenen Besitz hatten. Sie lebten von Schenkungen wohlhabender Mitmenschen und von priesterlichen Arbeiten, wie Beerdigungen und Messen.

❗ Abstecher: Etwas Besonderes gibt es in der gegenüberliegenden Buchhandlung Elwert, in der Reitgasse, zu entdecken. Im Laden gelangst Du über eine kleine Steintreppe hinunter in ein kleines Gewölbe mit Resten der alten Stadtmauer und dem Wehrgang. In einer Vitrine sind Originalgefäße der »Euler« (=Töpfer) zu sehen, die in der Aulgasse ansässig waren. *Aus welcher Zeit stammen sie?* (Nur wochentags zu Geschäftszeiten zugänglich.)

Auf einen Bau-Teil, den sonst die meisten anderen Kirchen haben, verzichteten die Bettelordenskirchen.

Was fehlt dieser Kirche? _____

_____

_____

(Tipp: Male eine typische Kirche und vergleiche sie mit dieser!)

Vorne an der Mauer kannst Du unter Dir Teile der alten Stadtmauer sehen. Eine Treppe führt noch heute durch eine Pforte aus der Stadtmauer heraus; damals beispielsweise zu den Mühlen an der Lahn. Diese kleine Pforte ließ sich auf Grund ihrer geringen Größe gut beobachten und notfalls auch verteidigen.

Wie heißt die Pforte? _____

_____

(Tipp: Schau sie Dir von unten an!)

Nun kannst Du Dir die Kirche von innen ansehen. Dort stehen vier dicke Säulen, an denen Schilde mit Darstellungen von Stier, Engel, Adler, Löwe und jeweils einem Namensband hängen. Darauf stehen die Namen der vier Evangelisten. Vielleicht warst Du schon in der Elisabethkirche und erinnerst Dich an sie.

Trage die Namen der Evangelisten in das richtige Namensband ein.

Betrachte noch die Decke über Dir, sie unterscheidet sich von allen anderen Kirchendecken in Marburg.

Beschreibe, was Dir auffällt._____

_____

_____

_____

_____

Wenn Du die Kirche durch den vorderen Eingang verlässt, stehst Du vor der **Alten Universität.**

 *Findest Du an einer Ecke des Gebäudes den großen steinernen Hund?*

Der sitzt deshalb hier, weil er auf den Namen des ehemaligen **Dominikaner**ordens anspielt und an das Kloster erinnern soll, das hier ursprünglich stand. Sicherlich fragst Du Dich, was ein Hund mit dem Namen »Dominikaner« zu tun hat.

Nachdem Landgraf Philipp 1526 alle Klöster in Marburg aufgelöst hatte und die Mönche aus der

Die Bezeichnung **Dominikaner** kommt aus dem Lateinischen, ›Domini Canes‹ heißt übersetzt: Die Hunde des Herrn.

Stadt vertrieben worden waren, wurden nach der Gründung der Universität auch die Räume dieses Klosters von ihr genutzt. Das Gebäude, vor dem Du stehst, ist allerdings noch gar nicht so alt. Vor ungefähr 130 Jahren hat man das alte Kloster abgerissen, da es über die vielen Jahrhunderte baufällig und für den Universitätsbetrieb zu klein geworden war. An derselben Stelle errichtete der für Marburg wichtige Baumeister Carl Schäfer dieses große Universitätsgebäude in einem Baustil, der an die Gotik erinnern soll.

Du kannst noch einen kleinen Abstecher bergab um die Ecke des Gebäudes machen. Mal sehen, ob Du den Universitätsgründer Landgraf Philipp als **Steinfigur** (Statue) entdeckst. Es ist das einzige Standbild von ihm in Marburg.

Von wo blickt er auf uns herab? _____

_____

Jetzt geht es wieder zurück und geradeaus den Berg hinauf. An der Ecke Hirschberg 13/Reitgasse steht das **älteste Fachwerkhaus** Marburgs und zugleich eines der **ältesten** Fachwerkhäuser in **Deutschland** überhaupt. Es wurde 1321 nach dem großen Stadtbrand errichtet und vor einigen Jahren vollständig renoviert und rekonstruiert. Dabei wurde auch eine Haustür eingesetzt, die zwar nicht original ist, aber eine Besonderheit aufweist.

Aus welchem Material ist die Oberfläche der Tür?

Diese Straße, die Du nun gerade bergauf läufst, war im Mittelalter eine wichtige Verkehrsachse für Händler und Fuhrwerke, die über die Lahn, in Nähe der Weidenhäuser Brücke, kamen und in Richtung Norden wollten bzw. umgekehrt. Stell Dir mal vor, wie beschwerlich der Gütertransport auf dieser steilen Straße war. Das Rathaus, das Du hier von der Rückseite siehst, gab es zu dieser frühen Zeit noch nicht. Es wurde erst viel später (ab 1512) dorthin gebaut.

Die zwei kleinen Brunnen, an denen Du Dich erfrischen kannst, aber nicht trinken solltest, gibt es erst seit wenigen Jahren.

An der Rathausrückseite gelangst Du links über ein paar Stufen zum **Heumarkt**, auf dem heute eine Linde mit Bänken herum steht.
Hast Du eine Idee, wie der Platz zu seinem Namen kam?

Mit Deinem Weg vom Marktplatz über den Kilian zur Dominikanerpforte in der Stadtmauer und zur Alten Universität hast Du den **ältesten Teil der Stadt** umrundet.

In diesem Bereich gab es bereits Einwohner, als auf dem heutigen Schlossberg erst ein kleiner Wehrturm stand und die Elisabethkirche noch gar nicht gebaut war.

Einige Schritte bergauf kommst Du nun in die **Barfüßerstraße**, die heute Fußgängerzone ist. Woher sie ihren besonderen Namen hat, wirst Du später noch erfahren. Im Mittelalter war sie eine wichtige Handels- und Durchgangsstraße, auf der alle Fuhrwerke mit ihren Waren mitten durch die Stadt fuhren.

Nun kannst Du entweder rechts wieder zum Marktplatz laufen oder die zweite Tour beginnen.

! Stadtplan auf den Seiten 126/127!

Tour 2:
Auf Spurensuche in der Altstadt. Augen auf!

Beim **Bärenbrunnen** in der Barfüßerstraße/Ecke Schneidersberg beginnt der zweite Teil Deiner Erkundungstour. Betrachte genau das Tier oben auf der Säule, am besten von allen Seiten.

*Welches Tier sitzt dort oben?*_____

*Fällt Dir etwas auf, wenn Du den Namen des Brunnens mit dem Tier oben auf der Säule vergleichst?*_____

_____

Den Namen hat der Brunnen von dem ehemaligen Gasthaus »Zum Bären«, das sich direkt neben ihm in der Barfüßerstraße 48 befand.

*Wer wohnte 1529 in diesem Haus?*_____

_____

Im dem hohen Dach des Hauses befanden sich hinter den Holzläden geräumige Speicher und Lagerräume für Waren.

Schräg gegenüber, auf dem kleinen Platz mit den zwei Bänken, sind vier »Stolpersteine« (s. S. 89) ins Straßenpflaster eingelassen. Weil sie die gleiche Größe wie das Straßenpflaster haben, musst Du ganz genau schauen, um die Messingplatten zu finden.

*An welche Personen wird hier erinnert?*_____

_____

Auf der Ecke des reich verzierten Fachwerkhauses Barfüßerstraße Nr. 40 steht eine kleine Figur, die einen goldenen Stab in die Höhe hält.
Was trägt sie auf dem Kopf und was hat sie an den
*Füßen?*_____

_____

Die Figur stellt den Götterboten Hermes dar, der in den griechischen Sagen vorkommt. Mit Hilfe seiner geflügelten Füße konnte er schnell Nachrichten überbringen und galt unter anderem als Schutzgott der Kaufleute und Reisenden, die über diese Straße kamen.

Schau Dir mal die schön verzierte Fassade an, dann weißt Du auch, wie alt das Haus schon ist.
*Wann wurde das Haus gebaut, wann wurde es reno-viert?*_____

Über einem mit Säulen versehenen Hauseingang auf der gegenüberliegenden Seite findest Du noch einmal einen Kopf mit Helm und Flügeln versteckt.
*Welche Nummer hat das Haus?*_____

In dem Fachwerkhaus Barfüßerstraße Nr. 35 wohnten die Brüder Jacob und Wilhelm Grimm.
*Findest Du heraus, wann das war?*_____
Wodurch wurden sie auch für Kinder so bekannt?

_____

Jetzt stehst Du gleich am ehemaligen westlichen Stadttor.

Die Sandsteinplatten vor der Hausnummer 30 markieren den Standort des alten Stadttores. Hierbei erkennst Du, dass die Durchfahrt sehr schmal war und jeweils nur ein Fuhrwerk zur Kontrolle durchließ.
*Bis wann stand hier das Stadttor?*_____
*Wie breit schätzt Du die Durchfahrt?*_____

Findest Du im Straßenpflaster vor dem Haus Nr. 30, heute meist unter Stühlen versteckt, die großen Sandsteinplatten?

Wenn Du nun bis zum Ende der Fußgängerzone läufst, siehst Du auf der rechten Seite das Haus

Barfüßertor Nr. 5 mit zwei großen Rundbögen im Untergeschoss, die heute von Garagentoren verschlossen sind. Hier befand sich früher eine Schmiede, in der Pferde neu beschlagen werden konnten.

Das große Gebäude mit dem roten Dach, auf der anderen Straßenseite, ist der erste »Neubau« der Universität und diente ehemals als Universitäts-Reithalle. Heute ist hier das Sportinstitut, das Institut für Leibesübungen = IfL, untergebracht.

❗ Abstecher zur Murmelbahn

Links führt die Straße ›Am Plan‹ den Berg hinunter. Auf der rechten Seite gibt es, oberhalb des kleinen Platzes mit dem Brunnen, eine **Murmelbahn**, bei der Du eine kleine Pause einlegen kannst.

Über dem Haupteingang des Gebäudes – dafür musst Du, falls Du den Abstecher gemacht hast,

den Berg wieder ein Stück rauf laufen – ist ein verziertes Wappen und darunter eine Jahreszahl angebracht, die Dir verrät, seit wann dieser »Neubau« hier steht.

In welchem Jahr wurde dieses Gebäude errichtet?

_____

Welches Tier ist auf dem Wappen zu sehen?

_____

! Ganz in der Nähe, am Barfüßertor 5, befindet sich in einer alten Villa, umgeben von einem verwunschenen Garten, das **Kindheitsmuseum.** Hier gibt es unter anderem den kleinsten Zirkus der Welt zu sehen, ein Klassenzimmer um 1900, Kinderbücher, Puppen, Teddys, Blechspielzeug und noch vieles mehr. Öffnungszeiten: So 14–18 Uhr oder nach telefonischer Voranmeldung.

Ursprünglich hatte sich an dieser Stelle der Bettelorden der Franziskaner- oder **Barfüßermönche** 1234 niedergelassen und ein Kloster errichtet. Große Teile dieser Klosteranlage wurden später für den Bau der Reithalle abgerissen.

Welche Straße in der Oberstadt wurde nach diesem Orden benannt? _____

Gegenüber dem Sportinstitut geht's wieder bergauf durch das Gehrensgässchen. Bevor Du die Treppe hochsteigst, schau Dir das Haus Nr. 3, den »Arnsberger Hof«, einmal an. In dem schmalen Spalt neben der linken Hausseite ist im Obergeschoss ein **kleiner Erker** zu sehen.

Hast Du eine Idee, wozu der früher benutzt wurde?

_____

(Tipp: Das Steinerne Haus am Markt hat einen ähnlichen Erker.)

Die Treppen führen zum **Kugelhaus** und zur **Kugelkirche**. Hier hatten Mönche, »die Brüder des gemeinsamen Lebens« bzw. **die Kugelherren**, 1491 ein Kloster gegründet, dessen Gebäude bis heute von der Universität genutzt werden. Auf der Treppe gegenüber dem Eingang ist ein rostiges Boot (?) in zwei Teile gebrochen.

Welche Universitätsinstitute und welche Sammlung befinden sich im Kugelhaus? _____

_____

Es ist die dritte Klosterniederlassung in Marburg, bei der Du auf Deiner Tour vorbeigekommen bist.

Weißt Du noch, welche die beiden anderen waren?

_____

_____

(Tipp: Das eine befand sich am Kornmarkt, das andere ist heute Sportinstitut.)

Der Name **Kugelkirche** kommt nicht daher, dass es hier eine besondere Kugel zu entdecken gibt, auch nicht daher, dass die Mönche den Berg herunter gekugelt sind, um in die Stadt zu kommen. Sondern: In diesem Klosterorden trugen alle Mönche eine mützenartige, mit einem langem Zipfel versehene Kopfbedeckung, die Gugel, später Kugel, genannt wird.

Es ist eine kleine Kirche, auf die Du nun zuläufst. Neben dem Eingang, auf der anderen Seite des Zaunes, siehst Du links noch einen alten Rundturm, der zu dem ehemaligen Kloster gehört.

Beim Betreten der Kirche wird sie Dir erst einmal etwas düster vorkommen. Doch wenn du zum Altar mit seinen goldenen Figuren schaust, öffnet sich ein hohes, helles Kirchenschiff über Dir. Das Deckengewölbe ist wie mit einem feinen Netz aus dünnen Sandsteinstegen bespannt.

Siehst Du die zwei finsteren Köpfe mit ihren offenen Mündern darin versteckt? Irgendwo in der Kirche muss es wohl ziemlich schlecht gerochen haben, denn ein dickes »Teufelstier« hält sich die Nase zu.

Wie ein Faultier hat es sich hin gehängt, aber wo?

Nachdem Du die Kirche wieder verlassen hast, geht's direkt hinter der Kirche links über die Kugelgasse den steilen Berg hinauf bis zum **Kalbstor** mit seinen zwei halbrunden Türmen auf der Außenseite. Betrachte es von beiden Seiten!

Es ist Marburgs einzige erhaltene Toranlage, alle anderen Stadttore wurden abgerissen. Nur noch die Straßennamen, wie Barfüßertor und Lahntor, erinnern an ihre ehemaligen Standorte.

Das Kalbstor hat seine Bezeichnung nicht, wie man meinen könnte, daher, dass hier häufig Kälber durchgetrieben wurden.

*Findest Du heraus, woher das Kalbstor seinen Namen hat?*_____

_____

*Wann wurde es gebaut?*_____

Früher verlief auf der stadtauswärts gewandten Seite des Tores ein Stadtgraben, über den eine Zugbrücke führte. Aus Sicherheitsgründen wurde das Tor zu Beginn des Dreißigjährigen Krieges (1618) geschlossen und erst 1874 wieder geöffnet.

Von der mittelalterlichen Stadtbefestigung kannst Du bergaufwärts neben größeren Mauerresten noch einen Turm sehen, den sogenannten **Bettina-Turm**.

Der Turm wurde nach der Schriftstellerin Bettina Brentano benannt, die um 1800 zeitweise hier in der Nähe, am **Forsthof** in der Ritterstraße 16, wohnte. In ihren Briefen und Romanen spielt der Garten mit dem Turm oftmals eine Rolle.

Deine Spurensuche geht, durch's Tor zurück, weiter über die gepflasterte **Ritterstraße**.

Bestimmt fallen Dir die Metallkreuze in der Mauer gleich hinter dem Tor auf. Sie sind, auch wenn es so aussieht, kein Wandschmuck, sondern Verankerungen zur Stabilisierung der Stützmauer.
In dieser Straße wohnten im 13. und 14. Jahrhun-

! Abstecher zum Turm

Um zu dem Turm zu kommen, musst Du über den Parkplatz gehen und die Treppe ganz rauf laufen, bis Du oben zu einem Durchgang in einer Mauer kommst. Gleich dahinter gabelt sich an einem Baum der Weg. Der obere führt über ein paar Stufen zu einem Teehäuschen mit Fensterläden und einer roten Tür. *Was siehst Du, wenn Du durch das Schlüsselloch guckst?* Rechts dahinter erhebt sich der Bettina-Turm. Du kannst zwar noch näher heran gehen, doch richtig besichtigen darf man ihn nur mit einer Führung.

dert Ritter, Adelige und Burgmannen in großen Höfen, gleich unterhalb des Schlosses.

Die Mauer wird bei einer Parkplatzeinfahrt unterbrochen. Hier, in der Ritterstrasse Nr. 16/17, befindet sich der so genannte **Forsthof.**

Der heißt deshalb so, weil hier ehemals der Sitz des Oberförsters des Landgrafen war.

Doch seine besondere Bedeutung erlangte er erst, als es in Marburg längst keine Ritter und Landgrafen mehr gab.

Um 1800 wohnte hier der damals sehr bekannte Professor Carl von Savigny. Nach ihm wurden ein Studentenwohnheim und die Savignystraße benannt. Er machte sein Haus zu einem wichtigen Treffpunkt vieler berühmter Leute. Gelehrte, Künstler und Schriftsteller, wie z. B. die oben erwähnte Bettina Brentano und die Brüder Jacob und Wilhelm Grimm, kamen hier zusammen.

Weiter auf der Ritterstraße siehst Du gleich den »schiefen Turm von Marburg«. Er gehört zur **Lutherischen Pfarrkirche/Marienkirche.** Bevor Du zur Kirche runter läufst, lege noch eine kleine Verschnaufpause an der Mauer ein.

Die Turmspitze ist deshalb schief, weil die Balken, die man beim Bau des Dachstuhls benutzt hat, noch zu feucht waren und sich auf der sonnenbeschienenen Seite verzogen haben.

Eine Legende erzählt, dass sich der Baumeister der Kirche beim Anblick des schiefen Turmes vor Gram darin erhängt haben soll.

Die **Treppe** auf der linken Seite führt mit 140 Stufen rauf zum Schloss.
Bei Gelegenheit kannst Du die Stufen mal nachzählen und überprüfen, ob die Anzahl stimmt.
Landgraf Ludwig IV., ein Sohn von Philipp dem Großmütigen, ließ 1583/84 diese Treppe als schnellste Verbindung vom Schloss zur Ritterstrasse bauen, denn hier wohnte am Fuß der Treppe im Haus Nr. 12 sein Leibarzt. Eine schwarze Tafel verrät Dir Genaueres.
*Wie hieß dieser Arzt?*_____
*Welche Stiftung wurde nach ihm benannt?*_____

_____

Mit dieser Treppe schaffte der Landgraf außerdem für sich und sein Gefolge einen direkten Zugang vom Schloss hinunter zu seiner Hofkirche unterhalb der Ritterstraße.

Der heutige Eingang befindet sich in der Turmfassade. In dem Vorraum der Kirche stehen auf beiden Seiten der Tür große Grabmonumente aus Sandstein.

Auf einem der beiden **Grabmonumente** hat sich ein Hundkopf versteckt. Findest Du ihn?

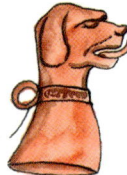

Wenn Du nun in den Kircheninnenraum eingetreten bist, kannst Du bis vorne zum Altar schauen. Das ist anders als in der Elisabethkirche, wo der Lettner den Altarraum abtrennt. Über dem Eingang befindet sich die **Orgel**empore.

Wie viele musizierende Engel sitzen vor den Orgelpfeifen? _____

Ganz in der Nähe der Orgel befindet sich an der Decke ein **Schlussstein,** auf dem ein Armbrustschütze dargestellt ist.

In welche Richtung schießt er seinen Pfeil? _____

_____

Neben der Orgelempore in der Ecke des südlichen Seitenschiffes steht ein großes Becken aus Stein. Es ist 90 cm hoch und hat einen Durchmesser von 1,40 m, groß genug, um darin zu stehen und einzutauchen.

Hast Du eine Idee, wofür ein solches Becken in einer Kirche gebraucht wurde? _____

_____

Hier handelt es sich um ein Taufbecken, das noch älter ist als diese Kirche. An derselben Stelle, an der heute die Pfarrkirche steht, stand zuvor schon eine **romanische** Vorgänger- Kirche, die aber abgerissen wurde. Nur dieses Taufbecken ist übriggeblieben.

Weil dieses Becken lange Zeit außerhalb der Kirche als Regenwasserbehälter genutzt wurde, hat man am unteren Rand ein Abflussloch hineingebohrt, das dann später wieder zugespachtelt wurde.

Heute gibt es in der Kirche noch ein anderes Taufbecken, an dessen Fuß sind Johannes der Täufer und Christus am Fluss Jordan dargestellt. *Welche Tiere tummeln sich am Ufer des Jordan?*

_____

_____

Romanik nennt man den Bau- und Kunststil zwischen etwa 1000 und 1200 n.Chr. Besondere Stilmerkmale sind die massiven Wände und runde Bögen über den Fenstern und Türen.

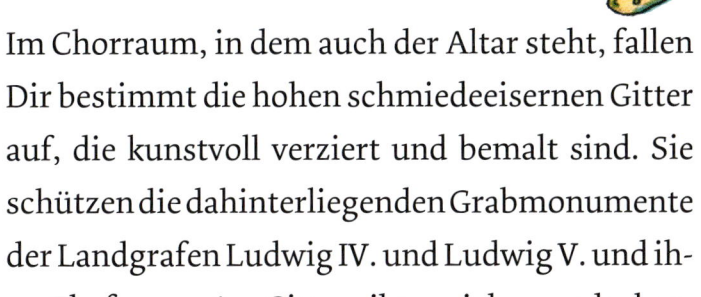

Im Chorraum, in dem auch der Altar steht, fallen Dir bestimmt die hohen schmiedeeisernen Gitter auf, die kunstvoll verziert und bemalt sind. Sie schützen die dahinterliegenden Grabmonumente der Landgrafen Ludwig IV. und Ludwig V. und ihrer Ehefrauen. Am Gitter gibt es viel zu entdecken.

Wo wirft Eva Adam den Apfel zu?

107

Stell dich nun mit dem Rücken zum Altar, so dass Du in Richtung Orgel schaust. Ganz in Deiner Nähe stützt sich über Dir eine kleine, blau gekleidete Figur mühsam ab, um nicht von der Säule herab zu stürzen.

Wo befindet sich die Figur? _____

_____

Wieder draußen

An der Südseite der Kirche, wo heute die Terrasse mit dem Parkplatz ist, befand sich früher ein Friedhof. Weil die Kirche mit einer Seite dicht an den Berg gebaut war, wurde die gegenüberliegende, freistehende Seite mit großen, hohen Fenstern versehen und als Schauseite und Eingangsseite besonders geschmückt. Wenn Du genau schaust, siehst Du an der Mauer ganz flache Spitzbogen-Nischen und leere Konsolen davor; das sind aus der Wand herausragende Vorsprünge. Auf denen standen ursprünglich Steinfiguren, die aber alle zerstört sind.

Denke Dir eine lustige Figur aus und male sie hinein!

Anders als heute betraten die Besucher damals die Kirche über die breite Treppe durch das Südportal. Die Kirche hatte noch mehr Eingänge, die heute aber nicht mehr alle benutzt werden.

Wie viele Eingänge in die Kirche kannst Du finden?

_____

Vorne an der Terrassen-mauer kannst Du nach unten auf die schmale Gasse »Rübenstein« schauen. Heute stehen hier dicht beieinander kleine Häuser, in denen  überwiegend Handwerker und ärmere Menschen wohnten. Bevor das Gelände so bebaut wurde, befanden sich hier überwiegend Gärten, in denen Gemüse, wie z.B. Rüben, angebaut wurden.

Dein Weg führt über den Kirchhof an der Pfarrkirche vorbei zu dem alten, steinernen Gebäude auf der linken Seite. Das Schild am Türrahmen gibt Dir Auskunft, um welches Gebäude es sich hier handelt.

*Was steht auf dem Schild?*_____

_____

Aber was bedeutet das? Der Name **Kerner** kommt aus dem Lateinischen – **carnarium** – und heißt Beinhaus. Die Knochen der Toten nennt man auch Gebeine. Ursprünglich wurden hier

! **Abstecher zum Rübenstein**

Über eine Wendeltreppe an der Mauer kommst Du zum Rübenstein. Unten an der Treppe geht es gleich nach rechts in die verwunschene Gasse, an der ehemals die Gärten lagen. Wenn Du an der Wegkreuzung rechts die Treppen wieder rauf läufst, kommst Du an einem Spielplatz vorbei und oben wieder zurück zur Kirche.

die Knochen aufbewahrt, die beim Ausschachten neuer Gräber auf dem angrenzenden Friedhof, der heute Parkplatz ist, gefunden wurden.

Der obere Teil des Gebäudes diente im Laufe der Zeit als Rathaus, bis das neue am Markt gebaut wurde, dann als Versammlungsraum, Waffenkammer und später als Wohnung für den Pfarrer.

Über die Nikolaistraße geht's zurück zum Marktplatz. Das hoch aufragende Gebäude mit den kleinen Dachtürmen ist ein besonders prächtiges Steinhaus. Ein sehr reicher Bürger namens Hermann Schwan ließ es ab 1527 für sich bauen. Ihm gehörte auch der Schwanhof unten in der Stadt an der nach ihm benannten Schwanallee. *Was hängt über dem Eingangsportal?*_____

_____

Dieses Haus wird auch **Hochzeitshaus** genannt, obwohl hier nie Hochzeiten stattfanden, denn dafür gab es den großen Saal im Rathaus. Vor dem stehst Du wieder, wenn Du die Straße hinunterläufst.

Tour 3:
Vom Marktplatz zur Elisabethkirche

! Stadtplan auf den
Seiten 126/127!

Dein Weg führt Dich vom Marktplatz über die Marktgasse in die Wettergasse, in der es auch einige, zum Teil kunstvoll verzierte Fachwerkhäuser gibt.

Gleich auf der linken Seite schauen auf die Vorbeilaufenden aus dem Fachwerk maskenartige Köpfe herunter, von denen einer sogar die Zunge heraus streckt.

Kannst Du ihn finden?

*Wie viele solcher Köpfe siehst Du?*_____

An einem anderen Haus wird ein großer Drache in die Luft gestemmt.

Was trägt der Drache auf dem Kopf?

_____

Eine Besonderheit hat das prachtvolle Eckhaus mit den großen Schaufenstern im Untergeschoss, Wettergasse 18, zu bieten. Dieses Haus hat einen Balkon, was Du bei Fachwerkhäusern in Marburg nur selten siehst.

*Über einem der Schaufenster kannst Du die Jahreszahl, in der das Haus gebaut wurde, entdecken. Was steht dort?*_____

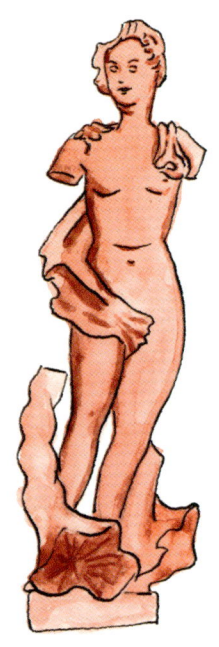

Bevor die Fußgängerzone wieder bergab führt, kannst Du Dich – vielleicht mit einem Eis – erst einmal auf die Stufen neben der Eisdiele setzen und eine Pause machen. Du bist jetzt am höchsten Punkt, der »Wasserscheide«, angelangt. An dieser Stelle verlief im 13. Jahrhundert die Stadtmauer mit einem Stadttor, von beiden aber ist nichts mehr zu sehen.

Hinter dem kleinen Brunnen in der Wand befindet sich eine Brunnenkammer in einem Kellerraum, in den Du durch die Scheibe in der Tür hineinschauen kannst.

Kannst Du trotz der Dunkelheit erkennen, was dort in der Mitte des Raumes steht? _____

_____

Früher stand hierin ein großes Wasserbecken, in das über Rohre Trinkwasser aus der entfernten Quelle in der Marbach geleitet wurde. Von hier aus wurde es auf die unterhalb liegenden Brunnen der Stadt verteilt.

Heute befindet sich hier an der Wasserscheide einer der drei Aufzüge, die von der Unterstadt in die Oberstadt führen: der Oberstadtaufzug des Parkhauses Pilgrimstein.

Auf den Stufen neben der Eisdiele steht seit einigen Jahren eine Bronzefigur des Künstlers Paul Wedepohl, die einen Gepäckträger zeigt.

Wie heißt der Dargestellte?

_____

Die Straße, die von hier aus bergab führt, heißt »Neustadt«. Dieser Straßenname weist auf die Stadterweiterung – die »neue Stadt« – hin, die nach 1235 vor der alten Stadtmauer in Richtung der Elisabethkirche vorgenommen wurde.

Am Ende der Fußgängerzone beginnt der **Steinweg**. Das war früher Marburgs erster Weg, der mit Steinen gepflastert wurde und deshalb seinen Namen bekam.

   Auf der tiefer liegenden Seite des Steinweges steht ein prächtiges Fachwerkhaus mit großen Schaufenstern, in denen eine »Marburger Spezialität« ausgestellt wird.

Wie heißt dieses Haus?_____
Was wird dort seit 1809 hergestellt?_____
Welche berühmte »Marburgerin« ist im ersten Stockwerk auf dem Fliesenbild dargestellt?_____

_____

Auf der gegenüberliegenden Straßenseite kommst Du an einem kleinen Brunnen in der Mauer vorbei. Im Bürgersteig bergab sind zwei Stolpersteine in das Straßenpflaster eingelassen.

Welche Namen stehen darauf? _____

_____

Unten am Steinweg warten **zwei Pferde** auf Dich. Weil sie nicht weglaufen, kannst Du's mit dem Reiten ruhig einmal versuchen.

Um Deine nächste Station zu erkennen, musst Du Dich jetzt verkehrt herum, mit dem Rücken zur Mähne, auf das Pferd setzen.

Siehst Du hinter der Fußgänger-ampel die Ruine?

Es sind die Reste einer Kapelle, die zu einem sonst vollständig zerstörten Gebäude gehörte. Wenn Du dort hinüber gehst, bekommst Du sicherlich raus, was hier früher stand.

Um welche Ruine handelt es sich hier? _____

_____

Über die Treppen hinter den Fahrradständern kommst Du auf einen kleinen Platz, auf dem an der Wand das **Denkmal** eines berühmten Mannes steht. Eine Inschrift darüber verrät Dir seinen Beruf.

*Wer wird hier dargestellt?*_____

*Wann lebte er?*_____

*Was war er von Beruf?*_____

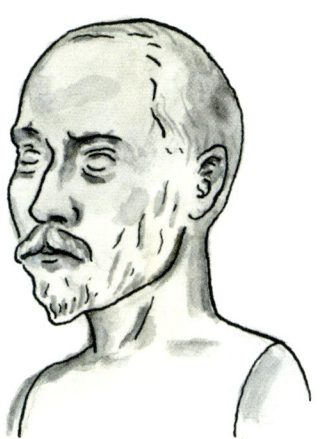

Er entdeckte Impfstoffe gegen Krankheiten wie Pocken, Masern und Diphtherie. Dadurch rettete er vielen Menschen das Leben. So passt sein Denkmal sehr gut an diesen Platz, in die Nähe der Heiligen Elisabeth, die soviel Gutes für die Menschen getan hat.

Die Universität

Die **Universität** ist eine **Hochschule,** in der junge Menschen viele unterschiedlicher Fächer studieren können, um später verschiedene Berufe auszuüben. Die Lehrer nennt man Professoren, die Schüler sind die Studenten.

In einer bekannten Redewendung heißt es: Andere Städte **haben** eine Universität, Marburg **ist** eine Universität.

Dieser Ausspruch zeigt, welche wichtige Rolle die Universität für/in Marburg spielt und wie sehr sie die Stadt prägt. Wenn Du mit dem Auto in die Stadt fährst, siehst Du an jedem Ortseingang ein Straßenschild »Universitätsstadt Marburg". Auch am Bahnhof werden die Reisenden so über Lautsprecher willkommen geheißen.

Die Gründung der Universität durch Landgraf Philipp im Jahre 1527 verhalf Marburg bis heute, mehr als 480 Jahre später, zu seiner besonderen Bedeutung. (siehe Kap. Stadtgeschichte)

In vielerlei Hinsicht bestimmt die Philipps-Universität das Leben in der Stadt

Marburg, sowohl städtebaulich als auch kulturell und wirtschaftlich.

Sie ist mit ca. 3.400 Beschäftigten und ca. 19.000 Studierenden einer der größten Arbeitgeber in Marburg und Umgebung und damit auch der wichtigste Wirtschaftsfaktor der Stadt mit ihren fast 79.000 Einwohnern.

Kennst Du jemanden, der hier arbeitet oder studiert?

Die verschiedenen Fachbereiche, die man auch Fakultäten nennt, sind in zahlreichen Gebäuden über die ganze Stadt verteilt und zum Teil auch in historischen Räumen untergebracht. Das bekannteste Bauwerk ist sicherlich die **Alte Universität**, das große, dunkle Gebäude an einer Ecke des Rudolfsplatzes. Sie wurde 1872–1891 auf den Grundmauern des alten Dominikanerklosters erbaut. Heute werden hier Pfarrer und Pastoren ausgebildet. Etwas außerhalb, auf der anderen Seite der Lahn, auf den Lahnbergen, befinden sich die Gebäude der Naturwissenschaften, dort studieren z. B. die zukünftigen Ärzte oder Apotheker.

Ein großes innerstädtisches Bauvorhaben der Universität ist der sogenannte **Campus** rund um den Alten Botanischen Garten und auf dem Gelände der ehemaligen Marburger Brauerei am Pilgrimstein. Möglichst zentral sollen hier in den nächsten Jahren einige Fachbereiche und die

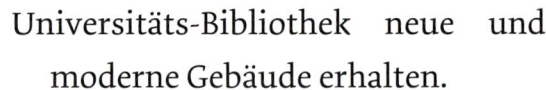

Universitäts-Bibliothek neue und moderne Gebäude erhalten.

Derzeit forschen und lehren ungefähr 2 000 Wissenschaftler/innen, darunter über 350 Professoren/innen an der Marburger Universität. Wenn Du diese Zahlen mit denen zu Beginn vergleichst, wirst Du staunen.

Nachdem Landgraf Philipp 1527 die Universität gegründet hatte, begann der Lehrbetrieb mit 11 Professoren und 84 Studenten und blieb über Jahrhunderte sehr übersichtlich. Selten gab es mehr als 300 Studenten.

Heute kommen die Studierenden aus allen Teilen Deutschlands und aus vielen anderen Ländern. Die Philipps-Universität pflegt weltweit mit über 30 Hochschulen internationale Partnerschaften und Austauschprogramme.

Viele berühmte Professoren, Forscher und Nobelpreisträger haben im Laufe der Jahrhunderte an der Universität gelehrt oder sind aus ihr hervorgegangen. Von besonderer Bedeutung war und ist **Emil von Behring.** Er war Professor der Medizin an der Philipps-Universität. Hier in Marburg entdeckte und entwickelte er wichtige Impfstoffe, erhielt dafür 1901 den ersten Medizin-Nobelpreis und gründete 1904 ein pharmazeutisches Unternehmen, die Behringwerke.

Die Universität bietet auch verschiedene Veranstaltungen und Vortragsreihen an, die nicht nur für Studierende und Hochschulangehörige gedacht sind, sondern an denen jeder Interessierte teilnehmen kann.

Extra für Kinder wurde vom Fachbereich Chemie das **Chemikum** eingerichtet. Ähnlich wie das Mathematikum in Gießen möchte das Chemikum Einblicke in die Chemie und Spaß an naturwissenschaftlichem Experimentieren vermitteln. Da es noch an eigenen Räumen fehlt, findet es bislang jedoch nur einmal jährlich in den Semesterferien im chemischen Institut auf den Lahnbergen statt.

Stadtgeschichte

S. 20: Landgraf auf Pferd; Krankheiten, Pest-Epedemien, schlechte Ernten, Brände; Wollweberei; Landgraf Philipp, 1527

Die heilige Elisabeth von Thüringen

S. 27: 1207 in Ungarn; Wartburg; 14; 20; 1231;1235; Sie kümmerte sich aufopfernd und selbstlos um ihre Mitmenschen

S. 30: 80m hoch; Stern und Ordensritter

S. 32: Maria mit dem Christuskind; Kronen

S. 33: 10 freistehende (+2 am Lettner); über 20 m hoch

S. 35: Philippus rechts der Tür

S. 36: Johannes mit dem Adler

S. 37: eher nicht; als Nonne

S. 38: 4

S. 39: auf den langen Seiten Christus und die 12 Apostel, darüber Szenen mit Elisabeth; auf den schmalen Seiten Maria und Elisabeth

S. 40: von links: Fußwaschung, Armenspeisung, Almosenverteilung, Elisabeth wird in den Orden aufgenommen

S. 44: Lukas, Pilger, Gotik, Stern, Konrad, Adler, Schrein; Lösungswort: Lettner

Schloss

S. 50: Kapelle; Sandstein

S. 51: 3 Löwen, 5 Sterne; Drachenköpfe; das Wappen an der Rentkammer; ja

S. 53: gebratenes Hähnchen; (1570)

S. 56: 4 Pfeiler; L=33 m, B=14 m, H=8 m

S. 57: er lacht, 1573

S. 59: Maske am Schlussstein vorne im Chor

Museum

S. 60: z. B. Käse, Eier, Äpfel; 11 Vögel; Kanarienvogel

S. 61: 8; die Frau im roten Gewand (4. Szene oben)

S. 62: Leder, Löwe, Blumen

S. 63: Schale, Pfeilspitze, (Gürtelschnalle)

Außengelände

S. 66: dicke Gitter vor den obersten Fenstern

S. 67: die Landgrafen; ein Löwe; erster großer Profansaal; im Gewölbebau; nur die landgräfliche Familie

Marktplatz, Rathaus

S. 74: eine Waage; 1m

S. 76: zwei Bettler

S. 77: Landschaften; der heilige Georg

S. 79: braun, ochsenblut-rot, blau-grau, dunkelgrau

S. 80: CONRADUS KLEN 1600

S. 81: von zwei Löwen

Stadt-Rallye

Tour 1

S. 91: der steinerne Rundbogen (heute mit Fenster darin) mit den zwei Kapitellen; 1180, Fachwerkgeschoss, kein Kirchturm; vor 1261

S. 92: der Kirchturm; Dominikanerpforte

S. 93: S. Matthaeus, S. Marcus, S. Lucas, S. Johannes; eine Holzdecke aus vielen Kassetten

S. 94: auf der Gebäudeseite zum ›Lahntor‹; von oben

S. 95: aus Leder; hier wurde früher das Heu verkauft, u. a. für das Vieh, das mit in der Stadt lebte

Tour 2

S. 96: ein Löwe; obwohl ein Löwe auf der Säule sitzt, heißt er ›Bärenbrunnen‹

S. 97: Martin Luther; Alfred, Estella, Ruth Beate und Walter Rosenberg; geflügelter Helm, Flügel

S. 98: 1525; 1907; Nr. 36; 1802–1805, wegen ihrer Märchen; 1235, ca. 2,70 m

S. 99: 1732, ein Löwe

S. 100: die Barfüßerstraße; als Toilette; Sportmedizin und Motologie, völkerkundliche Sammlung

S. 101: Dominikanerorden und Franziskaner- bzw. Barfüßerorden

S. 103: nach der Ritterfamilie von Kalb, die für die Bewachung des Tores zuständig war; um 1230

S. 104: eine große Puppe

S. 105: Johannes Wolff, die Wolff'sche Stiftung

S. 106: 4, in Richtung Orgel, als Taufbecken

S. 107: Kröten, Echsen, Schlangen

S. 108: links oben auf der Säule zwischen Chor und Kirchenschiff

S. 109: 4 (und einer hinter der Kirche), Kerner

S. 110: ein Wappen

Tour 3

S. 111: 5; eine Krone, 1896

S. 112: eine Seenymphe aus Sandstein

S. 113: Christian; Marburger Töpferhaus, Marburger Dippchen, die heilige Elisabeth

S. 114: Gerson und Selma Isenburg; Kapellenruine des Deutschordens-Hospitals

S. 115: Emil von Behring, Arzt und Forscher, 1854–1917

Alter Botanischer Garten
Philipps-Universität Marburg, Am Pilgrimstein, 35037 Marburg, www.uni-marburg.de/botgart
Telefon: 06421/2821506 od. 2822076, Fax: 282659

Neuer Botanischer Garten
Philipps-Universität Marburg, Karl-von-Frisch-Str. 6, 35043 Marburg, www.uni-marburg.de/botgart, Tel. 06421/2821507, Fax 2826659
Öffnungszeiten: Sommer (1.4.–30.10.) 9:00–18:30 Uhr, Winter (1.11–31.3.) 9:00–15:30 Uhr
Für Kinder u.a. Barfußpfad und Steinlabyrinth, Schmetterlingshaus, Kinderrallye am Indianerpfad, Ferienprogramme, Gestaltung von Kindergeburtstagen.
Im Winter: Eispalast!

Bootsverleih am Trojedamm
Tretboote und Ruderboote, Auf dem Wehr 1A, 35037 Marburg, Tel. 0173/9022798

Buchhandlung Lesezeichen
Die Spezialisten für Kinder- und Jugendliteratur mit großer Auswahl an Hörbüchern, Barfüßerstr. 12, 35037 Marburg, Tel. 06421/23311, Fax 06421/210589, lesezeichen@roter-stern.de

Campingplatz, Kanu und Paddelbootverleih
Campingplatz Lahnaue Marburg, Inh. Herbert Gaube & K. Wittekindt-Gaube, Trojedamm 47, 35037 Marburg, Tel./Fax 06421/21331, www.lahnaue.de

Camera Obscura.
Aussichtsterasse vor dem Schloss, März–Oktober bei gutem Wetter, Mi, Sa, So u. Feiertage 14:00–16:00 Uhr, www.physik.uni-marburg.de

Chemikum, Fb Chemie der Philipps-Universität Marburg, Hans-Meerwein-Straße, 35032 Marburg, www.chemikum-marburg.de.
Extra für Kinder wurde vom Fachbereich Chemie das Chemikum eingerichtet. Ähnlich wie das Mathematikum in Gießen, möchte das Chemikum Einblicke in die Chemie und Spaß an naturwissenschaftlichem Experimentieren vermitteln. Da es noch an dauerhaften Räumen fehlt, findet es bislang jedoch nur einmal jährlich in den Semesterferien im chemischen Institut auf den Lahnbergen statt.

Comics, Kitsch & Kunst
›Wo Spiderman auf die Simpsons trifft‹, Barfüßerstr. 51, 35037 Marburg, Tel. 06421/992641, www.ckk-mr.de. Im farbenfrohesten Laden der Oberstadt gibt es eine bunte Auswahl von Comics, über lustige Scherzartikel bis hin zu Merchandising zu aktuellen Trendthemen.

Fahrradverleih/Fahrradreisen Velociped
Alte Kasseler Str. 43, 35037 Marburg, Tel. 06421/886890, www.velociped.de, Anmeldung erwünscht

Farbenhaus Jung
Farben, Pinsel, Malblöcke u. v. m. für die kreativen kleinen und großen Künstler, Gutenbergstr. 13, 35037 Marburg, Tel. 06421/23266, www.farben-jung.de

KINDERBETREUUNG/FERIENBETREUUNG
Kommunales Jugendbildungswerk Marburg
FDJ, Frankfurter Str. 21, Tel. 06421/201496, 35037 Marburg, www.marburg.de/detail/61511
Ferienpass
Mit dem Ferienpass besteht die Möglichkeit an vielen Kursangeboten und Aktionen der Stadt teilzunehmen. FDJ Marburg (Haus der Jugend), Frankfurter Str. 21, Tel. 06421/201267, 35037 Marburg, www.marburg.de/detail/61511
Freizeitgelände Stadtwald
Großes Gelände der Stadt am Tannenberg, mit Grillplätzen, Fußballplatz, Kletterwald u. v. m
Zum Runden Baum 2, 35037 Marburg, Tel. 06421/33611, www.marburg.de/detail/61511
Jugendherberge
Jahnstraße 1, 35037 Marburg, Tel. 06421/23461, Fax 12191, www.djh-hessen.de/jh/jugendherberge-marburg

Kinderstadtführungen

Marburg Tourismus & Marketing GmbH, Pilgrimstein 26, 35037 Marburg, Tel. 06421/99120, Fax 991212, www.marburg.de/mtm

KINO
Cineplex Marburg

Gerhard-Jahn-Platz, Biegenstraße, 35037 Marburg, Karten- und Programminfo: Tel. 06421/173070 (24 Std.) oder 173066 (14–23 Uhr), www.cineplex.de; Öffnungszeiten: Di, Do–So 14–1 Uhr, Mo & Mi 14–23 Uhr, Verwaltung: Mo–Fr 8–13 Uhr, Biegenstraße 8, 35037 Marburg, Tel. 06421/173017, Fax 173040 (hier keine Kartenreservierung möglich!)

Filmtheater im Capitol-Center:

Capitol, Cinema, Edison & Studio
Biegenstraße 8, 35037 Marburg, Tel. 06421/173017, Faxabruf 14547; Öffnungszeiten: Fr–Sa 16:30–1:00 Uhr, So–Do 16:30–23:00 Uhr; Sekretariat: Mo–Fr 8–13 Uhr, Tel. 06421/17300, Fax 173040

Marburger Filmkunsttheater

Atelier, Kammer & Palette
Steinweg 4, 35037 Marburg, Tel. 06421/67269, Fax 62744, www.MarburgerFilmkunst.de

KUNST
Schwanhof/Ateliers

Schwanallee 27–31, 35037 Marburg, Tel. 06421/35338 oder Mobil: 0176/64689158
Atelierkurse f. Erwachsene u. Kinder. Leitung: Christine Dahrendorf, www.Ch-Dahrendorf.de

KunstWerkStatt der Marburger Malschule e.V.

Universitätsstr. 4, 35037 Marburg, Tel. & Fax 06421/161663, www.kunstwerkstatt-marburg.de

Minigolf

Campingplatz Lahnaue Marburg Inh.: Herbert Gaube und K. Wittekindt-Gaube, Trojedamm 47, 35037 Marburg, Tel./Fax 06421/21331, www.lahnaue.de

An der Dammühle in Wehrshausen

Tel. 06421/93560; Öffnungszeiten: ab Karfreitag tägl. ab 14:30 Uhr, samstags ab 13:00 Uhr, sonntags ab 11:00 Uhr.

MUSIK
Musikschule Marburg e.V.

Leitung: Knut Kramer, Tel. 06421/13337, Fax 13327 (Sekretariat), www.musikschule-marburg.de

Marburger Kinderchor

Leitung: Bezirkskantor Nils Kuppe, Tel. 06421/620717, n.kuppe@elisabethkirche.de

Kinderchor der Kurh. Kantorei

Leitung und Info: Sabine Barth, Schlehdornweg 29, 35041 Marburg-Dagobertshausen, Tel. 06421/32218, Fax 360475, barth_sabine@hotmail.com

Beate Lambert

Kinderliedermacherin, Mitmachkonzerte für Kinder, Weidenhäuser Straße 39, 35037 Marburg, Tel./Fax 06421/21208, www.beatelambert.de

Spunk

Musik für Kinder bei Gerd Müller, Frankfurter Str. 53 a, 35037 Marburg, Tel. 06421/85548, 0170/9067009, Fax 85779, www.spunk-musik.de

MUSEEN/SAMMLUNGEN/ARCHIVE
Abgusssammlung im Ernst-von-Hülsen-Haus

Hier gibt es rund 550 Figuren und Reliefs nach griechischen und römischen Originalen aus Gips zu sehen. Biegenstraße 11, 35037 Marburg, Tel. 06421/2822341; Öffnungszeiten: So 11–13 Uhr u. nach Vereinbarung; Führungen möglich

Anatomische Sammlung der Philipps-Universität (museum anatomicum)

Etwas gruselig, nicht für kleine Kinder geeignet, u.a. Skelette, Knochen, Schädel und Totenmasken von Hingerichteten, in Glasbehältern aufbewahrte Präparate. Robert-Koch-Straße 6 (Dachgeschoss des alten Anatomiegebäudes), 35037 Marburg, Leitung: Prof. Dr. Aumüller, Tel. 06421/2867011, Fax 2867090, www.uni-marburg.de/einrichtungen; Öffnungszeiten: jeden 1. Samstag im Monat von 10–12 Uhr und nach Vereinbarung

Brüder-Grimm-Stube

Markt 23, 35035 Marburg, Tel. 06421/202763; Öffnungszeiten: Di–So 11–13 u. 14–17 Uhr

1. Deutsches Polizeioldtimer Museum Marburg

Postadresse: Polizei-Motorsport-Club Marburg 1990 e.V. (PMC), Raiffeisenstr. 1, 35043 Marburg,

Tel. 06421/406-0, Fax 406-127, www.polizeioldtimer.de; Museumsadresse: Herrmannstr. 200, 35037 Marburg, Kreisstr. 69, Richtung Marburg-Cyriaxweimar

Deutsches Spiele-Archiv

Dokumentation der Spiele-Produktion nach 1945 bis heute, Spiele-Workshops, Spieleabende jeden 2. Dienstag ab 19 Uhr; Geschäftsstelle des Kritikerpreises »Spiel des Jahres«; Barfüßerstraße 2a, 35037 Marburg, Tel. 06421/62728, Fax 62720; Leitung: Dr. B. Thole, Tel. 06421/62721, www.uni-marburg.de/spiele-archiv; Öffnungszeiten: Mo–Fr 9–13 Uhr sowie nach Vereinbarung

Universitätsmuseum für Bildende Kunst

Werke von Bantzer, Kandinsky, Klee, Ubbelohde, Willingshäuser Malern, außerdem und wechselnde Sonderausstellungen. Biegenstr. 11 (Ernst-von-Hülsen-Haus), 35037 Marburg, Tel. 06421/2822355, Fax 282-2166, Museumsleitung: Dr. Agnes Tieze, www.uni-marburg.de/uni-museum; Öffnungszeiten: Di–So 11–13 und 14–17 Uhr

Universitätsmuseum für Kulturgeschichte im Wilhelmsbau des Landgrafenschlosses

Tel. 06421/2822355, Fax 2822166, Museumsleitung: Dr. Agnes Tieze, www.uni-marburg.de/uni-museum; Öffnungszeiten: Di–So 10–18 Uhr, November bis März 10–16 Uhr, Kinderführungen nach Absprache möglich

Schloss-Kasematten

Öffentliche Führungen samstags 15:15 Uhr und nach Vereinbarung, auch spezielle Kinderführungen, über die MTM, Tel. 06421/99120

Kunstverein

Gerhard-Jahn-Platz 5, 35037 Marburg, Tel. 06421/25882, www.marburger-kunstverein.de; Öffnungszeiten: Di–So 11–17 Uhr, Mi 11–20 Uhr, Mo geschlossen

Mineralogisches Museum der Philipps-Universität

Auf Anfrage gibt es einen Fragebogen für Jugendliche durch die Ausstellung.
Altes Kornhaus am Firmaneiplatz, 35037 Marburg, Tel. 06421/2822257 u. 2822244, Fax 2827077, Leitung: Prof. Dr. Peter Masberg, www.uni-marburg.de/fb19/minmus; Öffnungszeiten: Mi 10–13, 15–18 Uhr, Do u. Fr 10–13 Uhr, Sa u. So 11–15 Uhr

Marburger Kindheitsmuseum e.V.

Barfüßertor 5, 35037 Marburg, Tel. 06421/24424, Fax 24424, Leitung: Prof. Dr. Helge-Ulrike Hyams, www.marburger-kindheitsmuseum.de; Öffnungszeiten: Di–So jeweils 10–18 Uhr. Montags geschlossen

Religionskundliche Sammlung der Philipps-Universität Marburg

Landgraf-Philipp-Straße 4, 35037 Marburg, Tel. 06421/2822480, Fax 2822399, Leitung: Prof. Dr. Edith Franke, www.uni-marburg.de/relsamm; Öffnungszeiten: Mo–Do 9–17 Uhr, Fr 9–14 Uhr. Führungen für Kinder nach Vereinbarung, Eintritt frei

Völkerkundliche Sammlung der Philipps-Universität

Kugelgasse 10, Kugelhaus, 1. Stock, Leiter der Sammlung: Prof. Dr. Mark Münzel, Ansprechpartnerin: Kerrin Schlossarek, Tel. 06421/2823111, www.uni-marburg.de/fb03/ivk/sammlungen/voelkerkunde/offen; Öffnungszeiten Mo–Mi 9–12 und 14–16 Uhr, Do–11 und 14–16 Uhr. Kinderführungen sind nach telefonischer Vereinbarung möglich: 06421/2823749.

Stadtbücherei Marburg

Ketzerbach 1, 35037 Marburg, Tel. 06421/201248, Fax. 201735, www.stadtbuecherei-marburg.de; Öffnungszeiten: Mo, Di, Do, Fr 14:00–18:30 Uhr, Mi 10–13 Uhr

Sternwarte im Gymnasium Philippinum

Die Astronomie AG bietet einen Abend der offenen Tür an, für Kinder und Erwachsene
Leopold-Lucas-Straße 18, 35037 Marburg, Tel. 06421/931805, Fax 931804, www.philippinum.de

Strike-Bowling – Freizeit-Center

Universitätsstr. 8, 35037 Marburg, Tel. 06421/200813

SPIELPLÄTZE

Insgesamt gibt es 75 öffentliche Kinderspielplätze, außerdem Schulhöfe und Bolzplätze. Eine detaillierte Auflistung aller Spieleinrichtungen der Stadt Marburg ist der Broschüre »Öffentliche Kinderspielplätze in der Stadt Marburg« oder www.marburg.de/detail/16188 zu entnehmen

Schwimmbad AquaMar

Sport- und Freizeitbad mit Freibad, Sommerbadstraße 41, 35037 Marburg, Tel. 06421/3097840, www.marburg.de/aquamar

THEATER/KINDER- UND JUGENDTHEATER
Hessisches Landestheater Marburg

Am Schwanhof 68–72, 35037 Marburg, Tel. 06421/990231, Fax 990241, Theaterkasse im Erwin-Piscator-Haus: Tel. 25608, Fax 14736, www.hlth.de
Spielstätten:
Erwin-Piscator-Haus (Stadthalle), Biegenstraße 15, 35037 Marburg
Theater am Schwanhof (TASCH), Studio- und Kindertheater, Am Schwanhof 68–72, 35037 Marburg, Kinder- und Jugendtheaterwochen

ACT easy - Jugendtheaterclub e. V.

Rudolf-Bultmann-Straße 2 a (Waggonhalle), 35039 Marburg, Tel. 06421/686901, Info: Karin Winkelsträter (Rückenwind, Tel. 06421/83902, KarWinkel@web.de), Jürgen Sachs (Hessisches Landestheater, Tel. 06421/990237)

HILFE & IDEEN FÜR KINDERGEBURTSTAGE
Lollipop

Theaterprojekte zum Mitmachen, Schminkaktionen für Feste oder Theateraktivitäten, Mal- und Bastelaktionen zur Herstellung von Bühnenbildern Haus der Jugend, Frankfurter Straße 21, 35037 Marburg, Tel. 06421/201267, Info: Ursula Hartnack, Am Wittelsberg 12, 35041 Marburg, Tel. 06421/33518

Idee, Spiel und Projekt – Kinderanimation Kunterbunt

Beratung, Planung und Durchführung von Spielveranstaltungen und Kindergeburtstagen und vieles mehr. Im Hainbach 20, 35043 Marburg, Tel. 06421/34446. Leitung: Andrea Müller/Ursula Hartnack

Puppentheater Wildbiene

Theaterstücke für Kinder von 2 bis 8 Jahren. Mobile Bühne z.B. Dinosauriertheater. Info: Sabine Fahle, Alter Kirchhainer Weg 13, 35039 Marburg, Tel. 06421/12695, Fax 270542, www.puppentheater-wildbiene.de

Clowntheater »Gina Ginella«

Gina Krüger, Ernst-Moritz-Arndt-Str. 5, 35039 Marburg, Tel. 06421/47550, www.ginaginella.de

Illusionist Robert Naumann (New Bellachini)

Edith-Stein-Straße 5, 35037 Marburg, Tel. 06421/34359, Robby_Naumann@aol.de

Mumpitz

u. a. Clownerie, Straßentheater und Walkacts Friedrichsplatz 2, 35037 Marburg, Tel. 06421/210751, Mobil 0171/6917284, Fax 05673/920148, Leitung: Bernd Waldeck

Zauberkünstler Juno

Horst Lohr, Bantzerstr. 1, 35039 Marburg, Tel./Fax 06421/45246, www.juno-zauber.de

Radio Unerhört in der Waggonhalle

Radiosender für Marburg und Umgebung. Die Besichtigung des Funkhauses ist mit einer Führungen möglich. Rudolf-Bultmann-Str. 2b, 35039 Marburg, Tel.06421/683265, www.radio-rum.de

Verkehrsgarten

am Georg-Gassmann Stadion, Leopold-Lucas-Straße 25, 35037 Marburg, Tel: 06421/201343; ab 14:00 Uhr für alle offen (Ansprechpartner Herr Ide, Polizei)

Zircus zum Mitmachen für Kinder, Kinder- und Jugendzircus

ILK Marburg, Institut für Leben und Kunst, Alte Mensa, Reitgasse 11, 35037 Marburg, Tel. 06421/1768585 Fax 1768587, www.altemensa.milq.de

AUSFLUGSZIELE

Spiegelslustturm, Kaiser-Wilhelm-Turm
Hermann-Bauer-Weg, 35043 Marburg, Tel.
06421/682129; Öffnungszeiten: Tägl. 13–19 Uhr,
Sonn- u. Feiertags ab 11 Uhr, Turmbesteigung
möglich

Planetenlehrpfad
Der Planetenlehrpfad erstreckt sich auf einer
Strecke von 6 km entlang des Radweges an der
Lahn aus Richtung Süden, von Cappel kom-
mend, bis zur Bahnhofsbrücke in Marburg.
www.planetenlehrpfad-marburg.de/html/de-
tailkarte.html

IN MARBURGS UMGEBUNG
Amöneburg
Museum Amöneburg mit Führungen für Kinder und Jugendliche, www.amoeneburg.de/kul-
tur/museum/museum.htm, Ansprechpartner:
Dr. Alfred Schneider, 35287 Amöneburg, Leiter
des Museums, Tel. 06422/2474, Fax 8500022

Goßfelden
Museum Haus Otto Ubbelohde, Otto-Ubbe-
lohde-Weg 30, 35094 Lahntal-Goßfelden, Tel.
06420/82300, Fax 823050, info@lahntal.de,
www.lahntal.de; Öffnungszeiten: Sa und So von
11–17 Uhr
Der Maler **Otto Ubbelohde** (1867–1922), der
durch zahlreiche Gemälde und Radierungen sowie Illustrationen von Kinder- und Hausmär-
chen der Gebrüder Grimm bekannt wurde, lebte
hier von 1900 bis 1922. Sein Haus ist ein öffentli-
ches Ateliergebäude, in dem u. a. Landschafts-
malereien, Portraits sowie die Staffelei und der
alte Schreibtisch des Künstlers ausstellt werden.
Das Grab des Malers und seiner Frau befindet sich
auf dem Friedhof in Goßfelden

Lohra
Naturkundehaus, Verein für Vogel- und Natur-
schutz Lohra e. V., Untere Straße 2, 35102 Lohra-
Damm, Tel. 06426/1749, www.naturkundehaus-
damm.de

Oberrosphe
Dorfmuseum »Alter Forsthof«, im Winter: Ex-
traausstellung Krippen, Im Rosphetal 8, 35083
Wetter-Oberrosphe, Tel. 06423/51320, Fax
541745, www.dorfmuseum-oberrosphe.de; Öffnungszeiten: Ostersamstag bis 3. Advent: Sa und
So 140–18 Uhr oder nach Vereinbarung

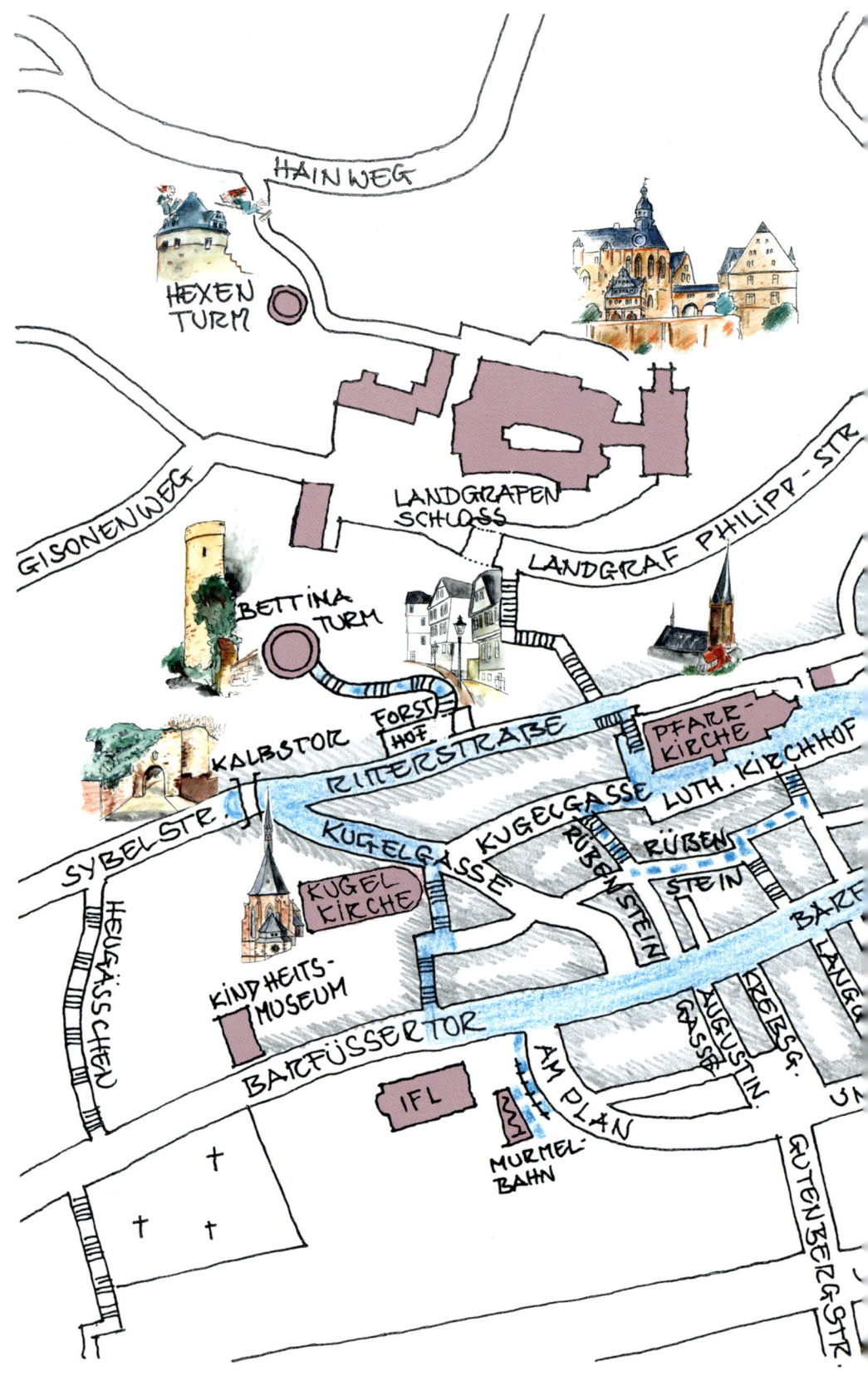

HAINWEG

HEXEN TURM

GISONENWEG

LANDGRAFEN SCHLOSS

LANDGRAF PHILIPP - STR.

BETTINA TURM

FORST HOF

PFARR-KIRCHE

KALBSTOR

RITTERSTRABE

LUTH. KIRCHHOF

SYBELSTR.

KUGELGASSE

KUGELGASSE

RÜBENSTEIN

RÜBEN STEIN

HEUGÄSSCHEN

KUGEL KIRCHE

AUGUSTIN. GASSE

KINDHEITS-MUSEUM

BARFÜSSERTOR

AM PLAN

GUTENBERG-STR.

IFL

MURMEL-BAHN

ELISABETH KIRCHE

TOUR 1
TOUR 2
TOUR 3

OBERSTADT MARBURG

NEUSTADT
WETTERGASSE
AUFZUG
P

MÜHLGRABEN
WOLFF STR.
MAINZER G.
SCHLOSS STEIG
SCHLOSS TREPPE
ENGE G.
PILGRIMSTEIN
...ER STR.
...EIN GASSE
...AI STR.
MARKT G.
AUFZUG
BIEGEN STR.
KINO
...STRABE
MARKT
RATHAUS A.U.G.
KILIAN
REIT GASSE
KUNST HALLE
HEU MARKT
KORN MARKT
HIRSCHBERG
METZGER G.
HOF STATT
...ASSE
ALTE UNIVERSITÄT
LAHNTOR
RUDOLPHS PLATZ
WEIDENHÄUSER BRÜCKE
...SITÄTSSTRABE
AM GRÜN
LAHN

127